THE STORY OF ART
艺术的故事

A BIOGRAPHY OF DA VINCI, MICHELANGELO AND RAPHAEL

佛罗伦萨的苏醒

文艺复兴三杰

周时奋 —— 著

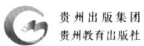

贵州出版集团
贵州教育出版社

目录

001 | 美丽的佛罗伦萨
第 一 章 — 1452—1482

清澈的阿诺河蜿蜒曲折地从佛罗伦萨城市中间流过,一直注入远处的利古里亚海,靠着这条河流的灌溉,这片亚平宁山麓狭长的平原到处是一片生机勃勃的景象。长满了油橄榄和荞麦的缓坡,给佛罗伦萨的周边抹上了一片浓重的色彩;阿诺河中的沙洲上,生长着茂密的芳草。

043 | 狼崽子
第 二 章 — 1475—1496

这孩子天生一副"贱骨头",他在石匠妻子营养丰富的乳汁的哺育下茁壮成长。山里的空气虽然清新,但采石场却充满石屑和粉尘,执政官的儿子就跟石匠的孩子们一样,每天都在泥地和碎石屑里爬来爬去,弄得满头满脸的乌黑。

089 | **忧伤的米兰**
第 三 章　　—　　1483—1499

达·芬奇站在广场的边上,他看到一群法国士兵正不怕腰疼地努力捣毁着他用黏土做的骑马塑像,他默默无言,如一个冷眼旁观的陌生人。一只手按住了他的肩膀,他冷漠地回过头去,看到了自己的学生萨莱诺苍白的脸。

131 | **天才少年**
第 四 章　　—　　1483—1502

他对教堂里半明半暗的五彩玻璃和充满石蜡、乳香气味的混浊空气十分适应,他喜欢在神灯微弱光线的照耀下,那一闪一闪的圣弗朗西斯科的古老神像,也喜欢那些穿着长袍的教士,他们迈着那么轻快的步子,在他的身边走来走去。

163 | **劫后的辉煌**
第 五 章　　—　　1498—1503

莱昂纳多·达·芬奇,以及即将到来的米开朗琪罗和拉斐尔,他们仿佛要为劫后的佛罗伦萨艺术,抑或说是文艺复兴全盛期再一次唱响最为辉煌的高音,然后结束这座城市作为文化核心的时代。

203 | **阿诺河之波**
第 六 章　　—　　1504—1508

五十岁的莱昂纳多显然激动起来,他那雍容优雅的风度再也掩盖不住内心的风暴:"好吧,好吧……我只能等着你刺出决斗的第一剑了,你来吧。"

237 | 罗 马
第 七 章 —— 1505—1513

西斯廷的壁画轰动了罗马,前往参观的人如潮般涌动,精疲力竭的米开朗琪罗再也没有兴趣去听人们的赞扬,他完成了自己的使命,至于赞扬,那已经不再重要。

289 | 花开花落
第 八 章 —— 1514—1519

达·芬奇的离开使拉斐尔感到深深的遗憾,他仿佛有一种感觉,随着达·芬奇的离开,意大利那个艺术与科学的全盛期,也已经走到了尽头。

325 | 呵,圣母
第 九 章 —— 1519—1520

也许是由于达·芬奇的死,使雕塑家敏感地想到了一个大时代的高潮已经过去了。是的,当第二年,1520年,这一预感就被另一位大师的离去所证实。

359 | 宿 命
第 十 章 —— 1547—1564

在前两位大师逝世之后,孤独的米开朗琪罗又在世界上整整生活了四十五年,他享年八十九岁,成为文艺复兴运动后期的见证人。整整半个世纪,米开朗琪罗缺失了高层次朋友和大师的对话,因而他显得尤其孤独。

附:文艺复兴三杰年表

400 | 代后记

第 一 章
1452—1482

美丽的佛罗伦萨

成功的人很少等待机会来临,
他们总会主动创造机会。

——莱昂纳多·达·芬奇

一

今天,当我们来到意大利的历史文化名城佛罗伦萨,如果稍加留意,就会在那些介绍城市历史古迹的文字中,时不时地看到这么几个字母:Medici。美第奇,这是一个在佛罗伦萨城市史中不能轻易抹去的家族名称,它仿佛把佛罗伦萨的历史文化都纳入自己家的门户之下。城中为数不多的几座恢宏的大教堂,有四座曾经是这个家族的礼拜堂;当年佛罗伦萨共和国的国政厅,其实就是这个家族的家宅;举世闻名的乌菲兹美术馆,几乎收藏了西方美术史半数的名画,进去一看,原本也是这个家族的事务所,直到美第奇家族的最后一位传人安娜·玛丽亚·德·美第奇把它捐赠给佛罗伦萨市政府。在这座城市里,有许多豪宅,或者说可供参观的私人宅邸和公共建筑,几乎都与这个家族有着密切的联系。一个家族势力长久地笼罩着一座城市,对它产生着深刻的历史影响,进而影响了世界文化的进程,这不能不说是一个历史的奇观。不了解美第奇,就很难了解佛罗伦萨。因为这个家族确实是文艺复兴运动强大的支持者、刺激者、推动者。我们的这部传记就不能不从这个家族开始。

美第奇家族的祖先原本是托斯卡纳的农民,因经营药材发迹,接着就开办银行,渐渐成为欧洲最大的银行家。他们在银行的经营中,向阿拉伯人学习复式簿记法并进行了改进,效率大为提高,金融业务也获得迅速发展。他们甚至还帮助罗马教会管理财政。1434年,四十五岁的科西莫·德·美第奇成了佛罗伦萨公国的执政官,其后四代人连续统治公国六十年,这段历史正是美第奇家族的黄金时期,也是佛罗伦萨这个欧洲文艺复兴摇篮的黄金时期。实际上,美第奇家族在佛罗伦萨的统治一直持续到十八世纪四十年代,前后历时四个多世纪,直到因为家族无嗣而自然退出历史舞台,当然这些与文艺复兴或者本书都没有太大的关系了。

清澈的阿诺河蜿蜒曲折地从佛罗伦萨城市中间流过,一直注入远处的利古里亚海,靠着这条河流的灌溉,这片亚平宁山麓狭长的平原到处是一片生机勃勃的景象。长满了油橄榄和荞麦的缓坡,给佛罗伦萨的周边抹上了一片浓重的色彩;阿诺河中心的沙洲上,生长着茂密的芳草。一座老桥连接起阿诺河的两岸,城市就在这条河流的两岸广袤铺陈。十四世纪从那些块石铺成的狭长小巷里,走出了但丁、薄伽丘和彼得拉克。这三位当时算是这座城市中不安分的文化人,却被后人誉为"文艺复兴前期的巨人",他们分别以《神曲》《十日谈》和一批惊世骇俗的抒情诗,撼动了中世纪黑暗而沉闷的岁月,欧洲文艺复兴作为一个伟大的文化运动就在这里萌生了。紧接着,文艺复兴从文学领域扩展到美术领域,从法布里亚诺、安杰利科到少年才子马萨乔,奠定了佛罗伦萨画派的基石,韦内齐亚诺、弗朗西斯科、弗利、波提切利、佩鲁吉诺、柯西莫继其后,把这一画派推向了顶峰。欧洲这一阶段的全部著名画家都产生或者云集到这里,开创了世界美术史上一个划时代的局面。就这样,佛罗伦萨这座小城策动了向"黑暗的中世纪"直接挑战的最伟大的行动。当文艺复兴经过一百余年的充分酝酿,在其全盛期呼之欲出之时,作为这座城市和公国执政者的美第奇家族,就在这个时刻登场了。

科西莫·德·美第奇是个聪明人。正如这个家族一开始就源于平民的低调感,科西莫在整个执政期也刻意淡化掌权的名义,而强化其平民的身份,这使当时城市的政治处于低调的姿态,也为文化的张扬腾出了空间。美第奇家族在黄金时期的表现正好为文艺复兴运动带来了在世界政治史上也可遇而不可求的机会。这个运动最终诞生了许多著名作品和壮丽建筑,除了文学,绘画、雕塑和建筑都需要大量的资金投入,对于囊中羞涩的艺术家们而言,十分欣赏艺术作品的美第奇家族往往会对他们施以援手,不仅购买他们的作品,而且还会花钱资助极具天赋的艺术家。

用中世纪的传统目光来看,住在这座城市里的思想家和艺术家们几乎都是疯子,不管他们念念有词地从老桥上走过,还

科西莫·德·美第奇肖像
Portrait of Cosimo de' Medici
布隆齐诺工作室,约1565—约1569
油画,15厘米×12.5厘米
佛罗伦萨乌菲兹美术馆

科西莫的权力来自他的财富。因为佛罗伦萨标榜民主,所以科西莫掩饰了自己的政治野心,并不经常插手公共事务。在他去世后,佛罗伦萨政府授予了他国父的称号,这个荣誉曾一度被授予西塞罗。

是推开窗户让阿诺河畔明亮的天光照耀到自己的画作上时,他们都在用自己的艺术语言呐喊着人本主义的口号。他们用文学和艺术诉说的一切,在当时的西方世界无疑是惊世骇俗的。文艺复兴人士以这座城市为基地,用崭新的观念向中世纪的宗教统治发起了直接的挑战。这种离经叛道的行为是需要强权政治支持的,美第奇家族毫不犹豫地为这些文化精英提供了保护,或者说用权力保障了他们的安全。尽管他们也有个人的偏好,但从总体上说,这个家族在文艺复兴全盛时期对艺术的支持和保护,都表现出十分长远和准确的眼光。

其实也并不奇怪,这个家族要资助和保护的目标,并不是由他们明晰的政治意识选定的,而是出于这个家族非凡的艺术鉴赏力。这个生息在佛罗伦萨这座历史城市里的金融家大族对于古希腊艺术的熟知,对于新时代文化趋向的敏感,使他们本身就以非凡的姿态站到了艺术的前卫行列。巨额资金、行政权力和艺术鉴赏能力的完美结合,使美第奇家族为文艺复兴运动创造了良好的生态环境。佛罗伦萨造就了崇拜先进文化的美第奇家族,而这个家族又带动了整座城市的民众性的文化崇拜,欧洲文艺复兴健康发展的摇篮只能在佛罗伦萨。

二

1452年4月15日,莱昂纳多·达·芬奇出生于阿诺河畔的芬奇镇,这是佛罗伦萨西面二十英里处的一个美丽小镇。莱昂纳多的父亲彼埃罗先生是镇上的公证人,母亲在莱昂纳多出生后不久就去世了,他的继母阿尔比耶拉夫人是个善良的女性,她自己没有孩子,就把莱昂纳多视如己出,或者说她把丈夫前妻的这个儿子当作活的玩具。她还十分年轻,甚至还没有忘记玩布娃娃。她把小莱昂纳多抚育养大,他们的感情又如同姐弟。

镇上的人们一口咬定,小莱昂纳多显然是被他的继母惯坏了。这孩子长得十分可爱,以至在当地盛大的五月节中被选为小花王,但整体而言,这孩子十分贪玩,他对一切都充满兴趣,他会把昆虫的翅膀掰下来一一画成图画,然后加以对比,或者把萤火虫的屁股剖开,试图发现它发光的秘密,他可以在父亲的花园里待上半天,用泥巴捏出鸟的模型,或者挤出花和叶的汁液想弄明白不同颜色产生的原理。

"这不行,"有一次,彼埃罗先生开门见山地说,"莱昂纳多,你应该读书了。你将来也应该是一位公证人,就像父亲我一样,这职业没什么不好,又体面又能养家糊口。这是什么玩意儿,鸟吗?"

"是的,爸爸,"莱昂纳多说,"这是我用泥塑的。"

"哦,倒是有点儿像。啊,说起来也并没有什么不好,不过你成天画呀塑呀唱呀跳呀,这种事情是要适可而止的。适可而止,懂吗?如果你的脑袋瓜里只有这些游戏,那可就完了。"

父亲说完后,看了看年轻的妈妈。

"你说的总是对的,彼埃罗,"阿尔比耶拉夫人说,"只是我们这个孩子……他还能再等一等……"

阿尔比耶拉知道儿子在大自然中还没有玩够呢,她总是袒护着他。她知道丈夫是想把这个坐不住的孩子放到学校里让老师去管束。

"什么?"公证人一脸严肃地说,"你要知道,他已经九岁了。"

"可是他是个左撇子。"母亲总会找到理由。

"那有什么关系?他九岁,可是他的智力超过了十六岁,就像我小时候一样。左撇子,那不要紧,学校会教会他如何用右手写字。孩子,再过两三年,你还得到佛罗伦萨去。你要成为公证人,那就必须好好地读书。Chi non ha nulla, é mulla。(意大利语:谁一文不名,谁就一文不值。)"公证人说。

"你父亲的话是对的,莱昂纳多。什么地方见到过公证人是左撇子呢？你不必害怕，你在拉丁文法学校里会成为一流的学生。"阿尔比耶拉夫人说。

"我为什么要到拉丁文法学校去呢？"莱昂纳多居然也提出了质疑。因为他听到父亲的朋友们说起过，能用拉丁语流利写作的但丁，却用平常百姓说的意大利语来写他的《神曲》，这个问题使大人们都感到困惑。

一直在边上听着的祖母柳契娅插嘴了："孩子，要知道，我们的祈祷词和福音书，那都是用拉丁文写的，古罗马最初的耶稣教徒也都讲这种语言，这是上帝的语言。"

"好，那我就去上学。"莱昂纳多说。其实他突然产生了一种兴趣，他想去拉丁文法学校的目的，是要弄清楚为什么上帝说这种怪里怪气的语言。

拉丁文法学校的气氛本身就不适合莱昂纳多。孩子们都用无法表达感情的陌生语言说话，莱昂纳多与他们一起寂寞地望着窗外的蓝天，细听着街市上的喧闹声，然后还要关注老修士手中的戒尺何时会落到谁的头上，这样的课堂生活实在是太乏味了。

"你呀，莱昂纳多，"阿尔比耶拉妈妈似乎也看出了点什么，"你好像不是在学习，而是在玩耍。你一放学就钻到地下室里，你在那里干些什么呢？"

莱昂纳多从来不向阿尔比耶拉妈妈保守秘密，他把她领到了地下室。凭着一扇气窗透进来的微弱光线，妈妈看到了一个

达·芬奇童年时的住宅

完整的实验室,那些小罐子、小盒子、小箱子里,养的全是昆虫,有些昆虫还在满是青苔的罐子里蠕动着,身下的枯枝败叶发出沙沙的响声,而那些小盒子里则都是干死了的小甲虫。

阿尔比耶拉说:"哦,莱昂纳多,这么脏的东西……这使人害怕。你看那条虫子,那是只丑陋的蠼螋吧?它会钻进人的耳朵里……它正在织网呢。"

小莱昂纳多笑了:"不,阿尔比耶拉妈妈,这里全是童话。那些蠼螋,我知道得最清楚了。"

"你要它们来干什么呢?"

"哦,阿尔比耶拉妈妈,我需要它们,我要数清它们的腿,要知道各种昆虫的翅膀有什么区别,我还一直在观察苍蝇,为什么捉住它们会那样难?"

阿尔比耶拉妈妈显然并没有弄懂儿子的意思:"哦,上帝,要是它们全飞了起来,那满屋子不是一场灾难了吗?"

小莱昂纳多大笑起来:"啊啊,那怎么可能呢?"

正当小莱昂纳多沉湎于大自然的时候,家里不顺心的事情出现了。阿尔比耶拉妈妈病倒了。她的脸上不再有笑容,也不再与他无忧无虑地聊天了。小莱昂纳多很担忧,他对自己的课业全然失去了兴趣,最宽容的老修士终于忍不住了:

"听着,小莱昂纳多。依我看,你这个人不会有多大的出息了,你一天到晚在纸上胡乱地画呀画,一点正经的东西也学不了。告诉我,你灵魂出窍似的,在想什么呀,是不是在打瞌睡?"

小莱昂纳多抬起头来,他看着老修士花白眉毛下那对生气的眼睛:"我没有睡觉,神父。我正在思考一道数学题,你能告诉我怎么解答吗?"

神父对数学一窍不通,他不可能给小莱昂纳多任何有益的指导。他生气地说:"拉丁文法学校里不是教你算这算那的,我们不是会计训练班,你最好规规矩矩地去背熟西赛罗的演说词,他是罗马时代多么伟大的文学家和政治家呀。西赛罗,你明白吗？"

阿尔比耶拉妈妈的病情越来越重,她也越来越沉默寡言。莱昂纳多一放学就来到妈妈的床边,他感到能待在她的身边也许对她是一种安慰。

"我再也不能起来了,莱昂纳多,"妈妈忧郁地说,"我恐怕再也不用害怕你的蠼螋和蜈蚣了。"

莱昂纳多望着阿尔比耶拉妈妈的脸,他的心头油然生出一阵怜悯。柳契娅奶奶带来了一个陌生女人。奶奶说:

"都别说话。这是伊莎贝拉太太,她会帮助我们……她知道如何治热病。"

陌生女人看了看阿尔比耶拉,又向四周张望了一下。这个以咒语为人治病的女巫最后向阿尔比耶拉妈妈弓下身去,她拉起妈妈纤细苍白的手,口中念念有词。躲在角落里的小莱昂纳多只听见她在奶奶的耳边悄悄地说着:

"在皮匠阿龙佐的院子里,就在井边的那块大石头下面,有一只黑色的癞蛤蟆,要在今天半夜过后……"她把嘴巴贴到了奶奶的耳边,莱昂纳多再也听不清她说了些什么。

第二天,莱昂纳多没有去上学,阿尔比耶拉妈妈已经生命垂危,抓来的癞蛤蟆并没有起到作用。圣乔凡尼大教堂的忏悔神父来到后,人们纷纷走近病床边向这位可怜的女人告别。

"啊,上帝,"奶奶突然哭出声来,"为什么不让我这么个谁也不需要的老婆子先走呢,而你,这么年轻,就像鲜花一样凋谢了。上帝啊,这是为什么呀!"

莱昂纳多抽泣着,紧紧地拉着奶奶那只布满了青筋的皱巴巴的手。他绝望地看着奄奄一息的妈妈。

阿尔比耶拉妈妈终于离开了人世,公证人家里长时间地失去了欢乐。柳契娅奶奶老是重复着葬礼上神父说过的祈祷词,并说下面该轮到她了。"你们难道没有听到吗,那院子里的狗一到夜里就拖长着声音在哀号呢!"奶奶说。

"不能这样生活了,没有办法,只有续娶。"公证人斩钉截铁地说。

"娶吧,看起来……是谁呢?"奶奶说。

父亲做了回答。

奶奶的眼睛一亮,然后又暗淡了下去。她是属于过去的人了,她的心已经全部给了阿尔比耶拉,再也腾不出位置给一个陌生的女人了。

莱昂纳多提心吊胆地等待着新母亲和主妇的到来。这时候,公证人的家也将迁往佛罗伦萨。

三

弗朗切斯卡·朗弗兰蒂尼作为公证人彼埃罗·达·芬奇家主妇的日子终于来临。新娘披着白色的婚纱来到的时候,她那双明亮的大眼睛里透着孩子气的神情,她刚刚过了十五岁,长得比丈夫前妻的儿子还要矮。

孩子气的新娘一下得到了全家的好感,只有丈夫前妻的儿子对她表现得一本正经,这使她很惊讶。于是她就千方百计地笼络这个孩子,逗莱昂纳多开心。名义上的母子俩满花园地奔跑着,他们捉迷藏,打着闹着,玩着莱昂纳多早已忘了的那些游戏。他们总算相处得比较和谐了。

在临去佛罗伦萨的时候,新母亲偶然对莱昂纳多说:"哦,佛罗伦萨,那里有许多艺术家呢。"这句话燃起了莱昂纳多强烈的好奇心,他终于义无反顾地与全家一起迁往新的家园。

美丽的佛罗伦萨使小莱昂纳多的精神为之一振。从菲耶索莱城的高处看下去,那是一座多么令人心动的城市啊!高高的圣母百花大教堂,那辉煌的圆顶掩映在莹澈透明的蓝天里,圣明雅托丘陵上，无数的房屋、宫殿、修道院、钟楼和塔楼，都在闪烁的阳光下隐约可见。在一幢幢高屋的墙面上，装饰着奇美无比的浮雕，壁龛里的圣母露出慈祥的笑容。莱昂纳多狂喜的目光无法从城市的各个角落移开，他想到了父亲曾经说过的一句话："佛罗伦萨，这里是所有知识的发源地。"

新家的一切也都是新鲜且令人惊讶的。比起从前简朴的房舍，他觉得这里更为豪华舒适。公证人在那些开满店铺的大街上忙忙碌碌地奔跑着，他要配齐一整套符合自己身份的家具。父亲在这些天里老是重复着那句名言："谁要是一文不名，谁就一钱不值。"莱昂纳多跟着父亲走过宽阔的老桥时，他对桥两边一长串排开的珠宝店铺感到十分惊讶。首饰匠的每一件精巧的小玩意儿，都是那么的美不胜收，雕刻匠和铁匠的作坊，无处不透露出这座城市精致的创造力。

是的，当时的佛罗伦萨荟萃着一看就令人惊讶的手工艺术，这里也是被战争和内乱弄得四分五裂的意大利的精神中心。这并不奇怪，意大利本来就是罗马帝国的腹地，在这个世界上，只有意大利保存了古希腊和古罗马的艺术遗产，不仅贵族如此，艺术的崇高趣味也深深地渗透到市民的日常生活中。佛罗伦萨人对艺术的爱好和造诣，超过意大利任何一个公国。莱昂纳多到达佛罗伦萨之时，正是著名的银行家科西莫·德·美第奇执政的时期，这位有学问的执政官在自己身边聚集起一大批科学家和艺术家，为了获得稀世的绘画、雕塑、古典作家的手稿，

圣母百花大教堂
Cattedrale di Santa Maria del Fiore

圣母百花大教堂是佛罗伦萨的主教堂，始建于1296年，由建筑师阿尔诺夫·迪·卡姆比奥设计，采用了精通罗马古建筑的工匠菲利波·布鲁内莱斯基著名的穹顶，最终完工于1436年。

他不惜钱财。在美第奇家族的带动下，佛罗伦萨掀起了一股收藏古物的狂热。意大利到处都在进行考古挖掘，希腊教员的职务和古物研究成了时尚。科西莫在他美丽的郊外别墅里招待诗人、学者和艺术家，为他们提供庇护，并慷慨地资助他们。在他的张罗下，产生了藏书极为丰富的附属于圣马可修道院的图书馆，这是意大利第一座公共图书馆。

父亲带着小莱昂纳多参观了佛罗伦萨每一座杰出的建筑，他总是这么说着："看那儿，孩子，这就是殿堂，伟大诗人但丁在流放中深深地思念过的殿堂。那些著名的艺术家，谁没为美化它而下过苦心，从而留下他们伟大的创造呢？"父亲一一列数了那些著名人物的姓名，这使莱昂纳多心潮澎湃，仿佛自己已经加入了大家的队伍。

莱昂纳多看到每一个教堂都聚集了成群的人在祈祷，他感到很困惑，便悄悄地问自己年轻的妈妈：

"请告诉我，难道这里有好多个上帝？"

年轻母亲吓慌了，奶奶正色对他说："听着，莱昂纳多，别叫你父亲和路人听到你那些话，你想了些什么呀？好多上帝？不，上帝只有一位，我们祈祷和信仰的，是圣父、圣子、圣灵三位一体的上帝。"

"那么，奶奶，"莱昂纳多不解地问，"圣多米尼克、圣尼古拉、伊诺尼马斯、安东尼、泽兹利亚和圣母玛利亚，他们又是什么呢？他们与上帝又是什么关系呢？"

"哦，那是圣徒和圣母，上帝的学生和母亲。"

莱昂纳多不再吭声，但是有许多事情他还是百思不得其解。整个生活，就连上帝和圣徒，对他来说也是充满矛盾的。上帝说"别杀人"，可是人们却画着十字，为战争祈祷；人们只能信奉一位上帝，可是那些圣徒照样被人们供奉着。生活中的矛盾，太多太多。

著名的数学家、天文学家、哲学家和医生托斯卡内利就住在佛罗伦萨，街上的顽童们都知道他的住舍。每当莱昂纳多路过他的窗下，就会忌妒地望着那扇窗户——哦，那是科学的圣地。透过窗户，他看到里面摆满了仪器，托斯卡内利用严谨的工作绘制出了世界许多地方的地图，哥伦布的航海和美洲的发现也因有他的正确指引才成为可能。莱昂纳多也在街上看到过这位伟人披着斗篷，被他的学生们紧紧围住的场景。哦，他多么想成为他学生中的一员啊！

"那是谁？"有一次，伟大的学者发现他的房前石阶上坐着一个孩子，他正在地上画着几何图形。"哦，我想起来了，孩子，你好像每天都远远地跟着我，或者坐在我家的门前等着我。"

莱昂纳多面红耳赤地回答："是的，我想跟你学数学。"

"你多大年纪了，年轻的阿基米德？"

"我十四岁了，先生，而且……我非常喜爱科学。"

"嗬，"托斯卡内利眯缝着眼睛说，"从现在起，我的住宅可以随时向我的新学友开放了。"

兴奋的莱昂纳多眼里闪着欢乐的火花,他彬彬有礼地脱下帽子,向大师深深地鞠了一躬:

"我永远是大师的学生。"

从这天起,莱昂纳多成了著名数学家的学生,但是大师极少注意到这位向他提出无数问题的学生,他只给这个小学生更为宏大高远的思想引导。

"你看那儿,莱昂纳多,"有一次,老师带他走到窗台边,指着满天灿烂的星光说,"那里有成千上万个世界,我的朋友。在那些遥远的星球上,可能正有成千上万个我们这样的社会,或许比我们更加完善。他们也有痛苦和欢乐,也有生生死死。一旦这些世界覆灭了,还会产生新的世界。哦,那是一个永远充满生机的世界!"

莱昂纳多怀着崇敬的心情,看着自己的老师。他激动万分,他感觉自己仿佛正站在一个无比诱人又无比危险的深渊边上,那深渊可怕却又异常美丽,正翻腾着魔幻般的火焰。他的思想,正在以一种不可思议的速度向它飞去。

"哦,宇宙……"他喃喃地说。

公证人在他繁忙的诉讼之余,还是发现了儿子有些不对劲。经过深入的观察和跟踪,他才知道莱昂纳多正被那个神秘的学者托斯卡内利所吸引。令他奇怪的是,学者用来隔绝世界的那扇门,那扇只向为数不多的同样懂得科学秘密的人开放的门,为何也向他的儿子打开了。偶尔从这扇门秘密进出的人,都是在佛罗伦萨笃信宗教的人中有着不好传闻的诡谲人物。这些人借助不正当的力量在曲颈瓶里炼金,或者创造出某些蛊惑人心的反宗教理论,或者还有某些更为神秘的魔力,威慑人的灵魂,其妖术可以与巫术媲美。这一切,在忠实的天主教徒的眼中都是极端危险的事情。

公证人彼埃罗·达·芬奇先生感到了深深的不安,他咕哝着:"要是阿尔比耶拉还在,那绝不会有这样的事情。"

四

"莱昂纳多,你过来,我的孩子。"公证人彼埃罗站在花园的门口叫道。他看到儿子正从花园的树缝里钻出来,手中拿着盛着植物汁液的玻璃瓶子。

"孩子,"公证人用慈祥的口吻说,"我知道你对公证人的职业并不感兴趣,这尽管使我伤心,但我绝不是一个固执的人。我想,你可以到享有盛誉的大师委罗基奥那里当学生,跟他学习绘画,你看行吗?那位仪表堂堂的委罗基奥是我的朋友,我想他不会拒绝我的请求的。"

对于父亲的提议,儿子并没有感到吃惊。

"那很好,爸爸。"

他仿佛早已知道父亲会这样决定他的命运。他很清楚,在父亲和社会都不能接受科学的情况下,他对于科学的热爱只能暂时放在心里,何况美术同样是他的兴趣所在。

父亲就这样带着儿子,投奔到委罗基奥的门下。

画家委罗基奥原先是佛罗伦萨的一个珠宝匠,与许多干这

◇ 安德烈·德尔·委罗基奥

Andrea del Verrocchio
约1435—1488
意大利画家和雕塑家

委罗基奥是文艺复兴早期最著名的雕塑家之一，声名仅次于多纳泰罗，达·芬奇和波提切利等著名画家都是他的学生，他对米开朗琪罗也有很大的影响。

种手艺活的人一样，后来渐渐地变成了职业画家，就是那种开着画室向社会承接绘画订货的画者。他的绘画风格有一种青铜雕塑般的坚实，因而他的兴趣又从绘画拓展到雕塑，遂又成为一位著名的雕塑家。委罗基奥的画技使他在佛罗伦萨享有很高的声望，在创作之余，也收了几个学生。当十七岁的莱昂纳多·达·芬奇来到他的门下时，三十四岁的画家正是年富力强的时候。

委罗基奥是个正直的人，他对自己的学生给予了父亲般的关怀。他从不使学生们劳累过度，也不像责备孩子那样责备他们。他为他们的成就而高兴，也会为他们的挫折和失败而悲伤和痛苦。在休息的时候，他会像朋友那样与学生们嬉笑玩耍，使画室充满年轻人无忧无虑的笑声，但是在工作时，画家却严格持重，一丝不苟。与其他画家相比，委罗基奥最可贵之处，就是他始终有一种探索和创新的精神，他告诉学生："记住了，很少有一种单一的劳动和技能能够

托比亚斯和天使
Tobias and the Angel

委罗基奥，约1470—约1475
木版蛋彩画，83.6厘米×66厘米
伦敦国家美术馆

托比亚斯是《圣经》人物多比的儿子，他在天使拉斐尔的带领下完成了一次奇幻旅程，在治愈了父亲眼疾的同时又娶到了美丽的妻子。天使拉斐尔也是旅行者的守护天使。

使人成为好画家。不研究人，不研究这个特定的自然，你就无法在描绘他们的时候找到内在的比例关系。"他的这一认识就比同时代的许多画家高明得多。

"画好骨骼，"他在课堂里再三强调说，"再在上面画肌肉和筋腱，然后才能将皮肤覆盖上去。"

也就是说，委罗基奥是一个坚定地按照生活本来的面目来对其进行描绘的画家，他画的施洗者约翰，圣徒形象的真实感使看过他的画的人都十分吃惊。画面上那先知的手，青筋暴绽，肌肉毕露，透过皮肤仿佛还能看到皮下的血管里涌动的热血。与他同时代的诗人维里诺说："他是个源泉，许多画家从他这里学会了全部本领。几乎所有荣名四扬的画家，都在他那里受过教育。"用我们今天的话来说，委罗基奥的更大成就在于他身为画家的同时又是个美术教育家，而他传授的，正是佛罗伦萨画派最本质的精神——写实主义，或者又被称为自然主义。

佛罗伦萨画派奠基于伟大的托马索·马萨乔。这位只在世界上活了二十七个春秋的天才画家，积极地探求一种合乎科学法则的写实主义，虽然他表现的依旧是中世纪以来的宗教题材，但是他在人物中注入了画家的情感，表现出性格坚强、举止大方的特点，人物面部洋溢着内心的力量。可以这么说，从马萨乔开始，绘画才真正摆脱了中世纪宗教画的那种僵硬和呆板，把力、运动和感情赋予了所画的人物。他在绘画中强调的正是"人"这一强大的主题，即文艺复兴的人本精神。这位年轻人把宗教人物从神坛上请了下来，将他们描绘成有血有肉的凡人。他开创的这一崭新的传统，经过弗朗西斯科、弗利这些佛罗伦萨画家的发扬光大，不但成为佛罗伦萨画派的创作特点，而且也成了其后五六百年西方绘画的基本原则。

在著名画家的画室里学习绘画，时间流逝的速度不可思议。莱昂纳多贪婪地倾听着老师的教导，并竭力把它们贯彻到自己的绘画中。他积累的习作素描已经卷帙浩繁，他写的关于绘画法则的授课笔记和心得也越来越厚了。正如中国的俗语所说，名师出高徒，委罗基奥的画室里聚集了一批十分有前途的年轻画家，包括年轻的莱昂纳多·达·芬奇。

在委罗基奥画室学习的那些同学中，最使莱昂纳多感兴趣的是一位天资聪慧的青年桑德罗·波提切利。有意思的是，这位后来以"波提切利"成名的伟大画家，用的并不是他的名字，而是他的绰号，他的本名应当是亚历桑德罗·菲利佩皮，"波提切利"在意大利语中是"小桶"的意思。波提切利起先并不是委罗基奥的学生,他师承菲力普·利皮,但他十分崇拜委罗基奥,被他的杰出作品所吸引,因此经常到委罗基奥的画室里来学习,也就与莱昂纳多成了好朋友。波提切利比莱昂纳多年长八岁,他用强有力的手挥笔作画,显得大胆而充满信心。那时候,波提切利正被但丁恢宏的诗篇所吸引,在他的心中,但丁的《炼狱》和《净界》的形象已经呼之欲出,于是他不断勾画着一幅幅草图。

波提切利的某些气质与莱昂纳多多少有些"臭味相投"。这个人沉默寡言,总是沉湎于那些不为人知的色彩和形象的细腻观察与刻画,而莱昂纳多也常常陷入深深的沉思。不管周围的年轻人如何嬉笑打闹,或者对他发出热情的节日邀请,总不能让他停止沉思默想。这种情况尤其发生在他拜访托斯卡内利之后,他更显得心不在焉。委罗基奥敏锐地发现了自己的学生常常从画室神秘失踪,然后去拜访哲学家的宅邸。

"莱昂纳多,请你告诉我,"有一次他问学生,"你到底在幻想些什么?"

"我在想着这样一个问题,老师,"莱昂纳多镇静地回答道,"我在思考艺术如何与科学结合,进而对自然进行更深刻的认识。"

画家笑了,他说:"孩子,你是在思考解剖学?这或许还早了一点。不过你以后还是会学到的。"

"不,老师。我是在想,艺术家需要科学,不应仅仅懂得解剖动物或人。离开科学的艺术,就像失去灵魂的身体……我在思考数学对于理解透视的法则、明暗的分配、色彩的程度上有多少必要性……我在思考,光学和力学对于绘画和雕塑到底有什么作用,要不然,我们就会像盲人在黑暗中蜗行……"莱昂纳多出神地幻想着,他努力选择准确的词汇来表达他的思想。

委罗基奥看着自己的学生暗暗惊讶,在他以前那些成熟的毕业生中,还从没有人对他谈起过这样的思考,他不知道该怎样回答。以前的学生大多是舍弃了珠宝匠的职业而改学绘画,或者改行搞建筑,他们没有人想到过关于宇宙的奥义。哦,莱昂纳多,这毕竟是又一代人了,他们已经不同于委罗基奥这一代。

"理解自然和艺术法则,"画家委罗基奥喃喃地说,"更为深刻的本质,这……是必要的。"

五

瓦隆勃罗萨教团为自己的教堂向委罗基奥订制了一幅《基督受洗》的绘画。画家热情地投入了工作。耶稣和约翰在他的笔下出现了,他在考虑安排两个虔诚的天使,让他们目睹这一神圣的场面。当他画完一个天使之后,他想着:"是不是要让下一个天使不同于这一个?把他画成一个天真无邪的儿童,狂喜地看着这一神圣场面,却又不明白其真义?对,不能雷同。"

画家转过身来:"莱昂纳多,你来画这一个。你看到了吗?我托付你画出另一个天使,这意味着你与老师一起参与了创作,你满意吗?"

莱昂纳多显然受宠若惊:"如果我能……为了使你满意,我将尽全力,老师。"

莱昂纳多陷入深深的思索。他很激动,并努力在自己的记忆中寻找需要的形象,他拿起画笔,又放下。"不能雷同",他一再地回味着老师的话。

他开始工作了。画布的空白处慢慢出现了一个跪着的天使。

这幅作品是达·芬奇和他的老师委罗基奥一起完成的,委罗基奥负责主要的构图,而达·芬奇奉老师之命,画了最左侧的那个小天使。从人物造型和脸部的神情表现来看,达·芬奇的人物要比老师所画的其他几个人物生动得多,充满天真无邪的真实可信性。

基督受洗
Baptism of Christ

委罗基奥和达·芬奇,约1475年
木版油画,177厘米×151厘米
佛罗伦萨乌菲兹美术馆

天使的目光里充满了无邪的幻想,他明白正在发生的那件事情的意义。长满鬈发的头颅被一团晶莹的、仿佛轻纱般稀薄的光环围绕着,天使的衣褶美妙而自然地下垂着。

"唷,莱昂纳多,"他的同学终于欢呼起来,"你的天使比老师本人画的还要好。"

这一刻,当莱昂纳多转过身去时,他看到了委罗基奥老师驼着背的身影。他一直疲劳过度,身体欠佳,这时候,他更像是一个被遗忘在荒漠中微不足道的孤儿。他听到老师绝望地喊了一声:

"你干了什么样的好事呀,莱昂纳多?"

莱昂纳多的脸"唰"的红了,他说:"老师,我请你原谅,我……我只是想,跪着的天使也许……"

"不,我不是这个意思,我的孩子。"老师的眼睛里闪过一道慈祥而苍凉的目光,"我要说的是,当你的天使画成之后,我不配再做画家,而应当改行去拿雕刻刀了。"

这一天,委罗基奥老师把自己学生画的天使像给另一位画家卢卡·捷拉·波比亚看了。波比亚对莱昂纳多很感兴趣,他决定为莱昂纳多提供更多的指导。这样,年轻的莱昂纳多就更没有空闲的时间了。

莱昂纳多满二十岁时,按照合同,他可以离开委罗基奥老师而独立开设画室了,但是几年来老师对他的教育之恩使莱昂纳多心怀感激,他决定留下来,在敬爱的老师身边再工作几年。他对老师的依恋之情还出于这样一种原因:现在,年轻的莱昂

康乃馨圣母 Madonna of the Carnation
达·芬奇,约1478年
木版油画,67厘米×42厘米
慕尼黑老绘画陈列馆

纳多感到十分孤独,他与家庭的联系更少了。奶奶死了,弗朗切斯卡妈妈——那个小姑娘,一段时间里还是他游戏的伙伴,现在也变得冷漠了,发胖的她变得迟钝了,只喜好闲聊美食和服装。父亲叹息道:"过不了多久,我也跑不了法院了,我已经无法绞尽脑汁把那些打官司的人从灾难中拯救出来。哦,你不应该再指望我了。"于是,莱昂纳多决定作为助手留在老师的身边。

莱昂纳多这段时间的生活是丰富的。他常常漫步于佛罗伦萨的街头,随身带着他的速写本。除了绘画,他也爱好舞蹈、音乐和赛马,他能在诗琴的伴奏下引吭高歌,能驯服最烈性的马匹，在赛马中获得第一。他的英俊闻名遐迩，姑娘们总是乐意与他跳舞。他更多的是混迹于人群之中，在人们最活跃、最无拘无束的时候，偷偷画下一张又一张的速写。他在笔记本里积累起来的速写、草图，收集起来的民谣、笑话，以及他自己写的艺术评论、谈话笔记、哲学讨论摘要，达到七万多页，这一切都成为他日后创作的珍贵积累。

当莱昂纳多·达·芬奇开设自己的画室时，他已经二十九岁了。当时的他称得上名扬佛罗伦萨艺术界，绘画的订单也源源而来。他受佛兰德里亚的委托，为葡萄牙国王设计地毯的图样，在他的设计中，无数珍禽异兽和奇花异草围绕着亚当和夏娃。他已经形成了一种柔和的绘画风格。他又绘制了两幅《受胎告知》，呈现出一种无拘无束的天然情趣。他在描绘宗教题材画的时候，总是把自己真切感受到的凡人的情感和生活细节融入其中。对于莱昂纳多来说，画中的那些"圣人"不再是无形体的幽灵，而是身心健康，充满力量，具备所有人世间细腻复杂情感的，居住在大地上的人。

达·芬奇的那幅《康乃馨圣母》，标志着年轻画家更趋向成熟。在这幅画中，圣母是一位正在用信手摘下的鲜花逗引孩子玩耍的欢乐母亲，美丽的少妇带着幸福的微笑注视着自己的孩子，而孩子又用胖墩墩的小手揪住母亲手中的鲜花。画面流露出一种含情脉脉的纯真。玛利亚面部的阴影，从亮部到暗部，就像轻纱一样缓缓地过渡。这分明就是世俗的欢乐情趣，也是文艺复兴时代佛罗伦萨人心中体验到的圣境。

六

在佛罗伦萨郊外的卡列吉别墅里,居住着公国的执政者洛伦佐·德·美第奇。这是一个以奢侈闻名的显贵,他是第一代美第奇家族执政者科西莫的孙子。到了他的时代,执政者已经不像他祖父那样谨慎低调,洛伦佐认为,他的宫廷应当成为欧洲君主的榜样。他不惜变卖大批地产,负债累累,也要把自己的宫殿装扮成一座真正的意大利诗歌和艺术的殿堂。洛伦佐不能不邀请佛罗伦萨颇负盛名的莱昂纳多·达·芬奇作为他的御用画师,但这位奢侈的执政者并没有看出莱昂纳多出类拔萃的天赋,而仅仅将他混同于聚集在卡列吉别墅里的那些平庸的艺术家之列,要求他们迎合自己的种种要求。

洛伦佐的宫廷里常常举行盛大的宴会、大型的化装游行和骑士比武,吸引着全市的公民。在这样的游行和比武中,洛伦佐的兄弟朱里亚诺·德·美第奇常常是最出风头的人物,以至在波提切利的作品中都留下了他的肖像。但是在这样的时刻,莱昂纳多往往只混迹于人群之中,他的速写本里记录的却是那些普通而形象生动的手艺人和士兵。他在那些人的闲谈中听到了佛罗伦萨真正的声音。

"哦,佛罗伦萨共和国成了一个空名,"人们这样说着,"洛伦佐向公共财产伸出了手,这种事在科西莫时代是绝对没有的。"

"是呀,他强占了明矾矿的开采权,还镇压不满的人们,造成了轰动一时的弥撒血案。"

"没错,"话题一扯开,人们的话就多了,"那些城市里的大家族,相互争风吃醋,上次巴茨家族不就跟美第奇一家火并了?要不是大家最后都站到美第奇一边,他们早就完蛋了。"

"是啊,是啊,"马上有人附和道,"也就是从那时起,美第奇家族的权力就变得无限大了。啊啊,无限可不是好事情,你们说呢?"

"正因为这样,美第奇的佛罗伦萨就与那不勒斯公国结盟,共同对抗教皇的势力,教皇让步了,洛伦佐·德·美第奇的威望达到顶峰。现在,他的自我感觉可太好了。"

莱昂纳多已经看到美第奇的统治到了山雨欲来风满楼的地步,他对宫廷里的生活感到压抑。有太多的艺术家逢迎着洛伦佐,多一个莱昂纳多少一个莱昂纳多都无所谓,而且更为重要的是,莱昂纳多·达·芬奇的才能和创造力在此无从发挥,那么,在这种尸位素餐的状态中,生命还有什么意义呢?

莱昂纳多陷入了深深的痛苦之中。

洛伦佐·德·美第奇
Lorenzo de' Medici
委罗基奥，约1478年
赤陶上色，65.8厘米×59厘米×32.7厘米
华盛顿国家美术馆

洛伦佐·德·美第奇是文艺复兴时期佛罗伦萨的实际统治者，他的宫廷中聚集着如波提切利、达·芬奇、米开朗琪罗等文艺复兴大师。尽管洛伦佐本人没有提供很多委托工作，但是他经常介绍其他的赞助者给艺术家们。

他听到了传闻，说是米兰公国的大公路德维柯·莫罗也极为富有，他为了使米兰更加强大而奖励在各种技术上有成就的人才，他想摆脱佛罗伦萨的政治阴影而自强。这无疑为达·芬奇提供了一个可考虑的出路。我们在理解意大利当时的形势时，完全可以把它设想成中国的春秋时期——在教皇势力的笼罩下，中世纪意大利各地的政权实际上也形成了春秋时期群雄割据的局面。

1481年的莱昂纳多已经二十九岁了，他远比从前老成持重。在即将做出抉择前，他回了一次老家，当时父亲已经回到了芬奇镇，他希望能在那里再一次获得启示。老屋依旧，夕阳惨淡，老迈的父亲絮絮叨叨地向他发泄着对生活的失望，老人家又一次失去了妻子，而为莱昂纳多娶了一位更加无知的后母。莱昂纳多失望地回到佛罗伦萨，他想，何不直接去找一下洛伦佐·德·美第奇呢？也许听听他的意见是有益处的。

他就这样跑到了卡列吉别墅。

洛伦佐正在病中，他心烦意乱。那些围着他供他取乐的演艺人，那些异国的舞蹈女子和魔术家，那些说笑话的小丑，都被他一一打发走了。他在这时候看到了达·芬奇，倒产生了一种清新的感觉，他居然从床上坐了起来。

"啊，莱昂纳多，你来了，也许你会比这些无聊的人好得多，你会给我带来什么？他们真是一群废物。说吧，莱昂纳多，你希望我赐予你什么？"洛伦佐说。

"我是来请求您，尊敬的先生，请准许我离开您。"

"哦，你要到哪里去，要离开多久？"

"我请求您允许我离开佛罗伦萨，到米兰去。"

一段长长的沉默。好久，洛伦佐狐狸般的眼睛里放出了一道讥讽的亮光。

"我不阻挠你，莱昂纳多。"洛伦佐说，"也许米兰大公会鼓舞你创造出在我这里无法创造的杰出作品。我批准你的请求，给你路费。顺便代我向我的兄弟路德维柯大公致以问候。另外，如果你在那里待不下去了，还欢迎你回来，你可以带着新的构思回到佛罗伦萨。好吧，我累了，你也可以走了。"

达·芬奇已经明白了洛伦佐并不太舍得让他离开，但是他忠于自己一贯保持的大度和慷慨，他说的话倒使莱昂纳多有些感动。那位狡猾而慎重的政治家，或许突然产生了一个新的念头，放一个颇负盛名的艺术家到米兰，作为友谊的担保，以此来消弭一丝敌意，那是非常合算的事。

达·芬奇给米兰大公路德维柯写了一封信，他说道："我注意和分析了那些在军用枪弹制造方面好为人师的人，看出他们的发明与前人的传统制造并无两样，我将竭力把我掌握的那些秘密奉献给殿下；我掌握了一种建造最轻便和最坚固桥梁的方法，这种桥可以毫不费力地挪动地方，它经得起战火的焚烧。"他还一一列举了涉及战事的一些知识，各种臼炮、壕堑、军舰、适用城堡战的枪支的制造，以及一种能悄然无声地挖掘地道的办法。"在和平时期，我认为自己有同样的长处，且不亚于一个设计公用和民用建筑的营造师，我也能完成黏土、大理石或者青铜的塑像。在绘画方面，各种各样的画法我也绝不会比其他人逊色。而且，我能够浇铸青铜的骑士像，把大人您的盛誉变成不朽。"

在寄出这封信的时候，达·芬奇感到内心深处的阵阵痛楚，他知道，米兰大公比起洛伦佐也许会更糟糕一些。现在，伟大的科学和艺术只能寻求庇佑，他觉得自己仿佛在进行一场博彩，他把整个命运都押到米兰的赌台上了。

第 二 章
1475—1496

狼崽子

其实这形体本来就存在于大理石中,
我只是把不需要的部分去掉而已。

——米开朗琪罗

一

当1482年莱昂纳多·达·芬奇前往米兰的时候,没有人知道有一个人正悄悄地从佛罗伦萨的郊外搬迁到这座正盼望着伟大天才的城市。这个人,当时还只是个七岁的孩子,他叫米开朗琪罗·波纳罗蒂。

米开朗琪罗出生在佛罗伦萨郊外的卡普累斯镇。1475年他出生的时候,父亲罗多维柯·波纳罗蒂正是这个镇的执政官,相当于一位镇长。在一个小小的镇上这个职位已经相当显赫,因此他们家的生活算得上有些贵族做派。当这家的第二个孩子米开朗琪罗出生时,他们就想更省事一些,便决定将孩子送到一个有奶的穷人家里,请奶妈来抚养他。老女仆乌苏拉很乐意地提出了建议,她的弟媳是个健壮的女人,一定能将这个身体瘦弱的孩子喂得胖胖的。奶妈就住在离佛罗伦萨三里远的塞蒂尼亚诺山上,那里有一个很大的采石场,她的丈夫是一个采石匠。

正是春光明媚的季节,天空一碧如洗,亚平宁山脉上的山

塞蒂尼亚诺山景色秀丽,年幼的米开朗琪罗在此度过了无忧无虑的童年生活。

毛榉郁郁葱葱。镇长亲自骑着马，心情愉快地把孩子送到了高山上，在那里，石匠托马佐的妻子莫娜·巴巴拉毅然接受了这一高贵的使命，她要把镇长的孩子养成健壮的小男人。镇长抬起头来仰望天空，一只苍鹰在上面盘旋，他的心情好极了，他说："对，最好把他养成一个斯巴达人，就像一头狼崽子。"

这孩子天生一副"贱骨头"，他在石匠妻子营养丰富的乳汁的哺育下茁壮成长。山里的空气虽然清新，但采石场却充满石屑和粉尘，执政官的儿子就跟石匠的孩子们一样，每天都在泥地和碎石屑里爬来爬去，弄得满头满脸的乌黑。有时候，巴巴拉妈妈会带着这群孩子到山顶的牧场里，小米开罗（米开朗琪罗的昵称）就在头羊欢快的铃声中悠然睡去，又在清风的吹拂下醒来。莫娜·巴巴拉妈妈唱着简单而纯朴的民歌，用在阳光下晒干的羊奶酪喂他。这样，米开罗就和他的奶兄弟朱里奥一样，长成了一对健壮的"狼崽子"。

塞蒂尼亚诺山上的日子贫穷而开心。平日里，他们把不同大小的石块打制成各种小玩具，或者磨成圆球，然后围成一圈，再把它们打散。孩子们经常攀登到高高的山崖上，从那里的鹦鸟窝里掏回小鹦鸟，然后喂养它们。这些胆大包天的孩子也夸下海口，要到绝壁上去掏苍鹰的雏鸟，村子里最勇敢的孩子大都有攀上绝壁险峰的经历。小米开罗当然还不具备攀崖越涧的能力，但是石匠孩子们的传奇故事让他深深景仰。

米开朗琪罗一直在石匠的家里待到三岁，纯朴而倔强的山民性格在他幼小的心灵里打下了烙印。当他回到执政官家里的时候,他就像狼崽子那样东张西望,放肆地叫着巴巴拉妈妈的名字,然后自说自话地把家里的贵重物品随便拿来,拴上绳子在地上拖来拖去地玩耍,显得毫无教养。谁也无法再把他矫正过来了。镇长夫人很后悔,好在很快她又有了新的孩子来寄托她的母爱,悔悟之意有所减弱。镇长大人的看法恰恰与夫人不同,他认为家里的老大过于规矩老成,老三则胆小腼腆,只有这个脏兮兮的老二,说不定会是一个敢作敢为的人物。他想的没错,但是这个人物最终却与他设计的培养目标南辕北辙。

镇长夫人第四次临产的时候,上帝要了她的命。她死于产床之上,还来不及与她的孩子们告别。乌苏拉最后在花园一个偏僻的墙角里找到了六岁的米开朗琪罗,他正拿着一块黑炭在白墙上画着种种古怪的图案。墙边晒着他的那些杰作——泥捏的小鸟、小人和各种乌苏拉认不出来的,实际上是巴巴拉故事里的怪物和精灵。看着这个一脸乌黑的肮脏孩子,乌苏拉也生气了:

"圣母呀,他母亲都快要死了,可这孩子却用厨房里的木炭把自己画成这副让人笑掉大牙的样子。真不害臊,真丢人。啊,上帝,你将如何收拾这个狼崽子呢?"

眼泪、叹息、蜡烛、教堂里的赞美诗、墓地里的葬礼……一整套程序把镇长太太送到了上帝的身边。这一切,仿佛都与米开朗琪罗毫无关系,他依旧在墙上乱涂乱画,以致吃了心烦意乱的执政官的一记老拳。

"你，不许再乱涂乱画了。"执政官下达了命令。

墙角里的米开朗琪罗倔强地望着他，没有任何反应。

二

　　鳏居的波纳罗蒂先生一搬到佛罗伦萨,就开始考虑七岁的米开罗读书的事。这时候,执政官已经从丧妻的忧伤中慢慢解脱了出来,他的心情有所好转。他望着这个一直不太顺从自己的老二,看到他满脸被木炭弄得乌黑的样子,忽然笑了起来。

　　"哦,"他对乌苏拉说,"你看他的那双眼睛,那眼睛里充满尊严,他会给我们带来荣耀的。哦,米开罗,你应该读书,而不是做那卑贱的画匠。"

　　在波纳罗蒂先生的印象里,绘画与油漆匠没什么两样。

　　他被送进了他哥哥莱昂纳多——这名字与达·芬奇一样——读书的那个学校里,被弗朗切斯科先生严厉地管束着。弗朗切斯科先生最成功的教育方法全部体现在他那根严厉的教鞭上,谁要是调皮,或者回答问题时稍有差池,教鞭就会在谁的皮肤上留下深刻的评价。

　　在石匠家里自由惯了的米开朗琪罗从一进学校起就恨透了弗朗切斯科先生,同时令他无法忍受的还有那些没完没了的拉丁文的变格变位。每天早上，这个没有受过正规教育的野孩子总是懒得去上学。那时候，父亲已经娶了一个新妈妈，叫卢克列茨娅·乌芭丽姬，她虽然没有原来的妈妈漂亮，可是温良顺从，也能很好地照料孩子。米开朗琪罗正是在她的催促哄骗下，才走上了上学的道路。米开朗压根儿不想上那枯燥无味的课，他就常常在城市的广场上溜达，或者跑到教堂去观赏那些令他惊讶的精美的大理石雕像。他会由衷地跪倒在圣母像前，觉得她在向他微笑，随后他就一身轻松，把一切都忘在脑后。

他的头顶响起了一位老人慈祥的声音："哦，孩子，祷告归祷告，可不能把书包扔在教堂的大台阶上。"

教堂的看门人端端正正地帮他背上书包，说："看得出，小鬼，你没少挨鞭子。"

他这才想起，今天又少不了挨弗朗切斯科先生的一顿毒打。

他在练习本里把弗朗切斯科先生画成了一只涨红着脸的雄火鸡，他感到了一种报复的愉快。这事情还是让那老先生发现了。

"跪下来，"弗朗切斯科说，"你必须跪下，这样你才会知道你犯下了什么样不可饶恕的罪孽。我一定要告诉你父亲。"

米开朗琪罗紧闭嘴唇，他默不作声，俨然一尊雕像。

"这孩子，眼看就要堕入坏蛋和流浪汉的可悲境地了。"听到先生的告发后，父亲的两眼闪着火花。波纳罗蒂先生最后悲哀地说："上帝，这是一种什么样的罪孽呀。你给我跪下来，米开罗。"

父亲的棍子触到了他的脊梁。米开朗琪罗一下跳了起来,他面色惨白,全身发抖,张着发出绿光的眼睛:

"父亲,你这是干什么!"

孩子的这一声叫喊,足以使任何人回心转意。米开朗琪罗用了极大的忍耐,才没有让自己再次发作。是的,他是一只狼崽子,塞蒂尼亚诺山养出来的狼崽子,他不能忍受莫名的侮辱,即使他两眼乌黑,头发僵直,即使他又黑又瘦,不像个有教养的人,即使他不肯背那枯燥的拉丁文变格变位,他都没有受到罚跪、鞭打、棍棒的理由。他是一个人,一个需要受到尊重的人。

"好吧,从今天起,你不能再捣蛋,不能再迟到,不能再在墙上乱涂乱画。你必须做到这些。"老执政官发出了最后的命令,"不然,你就得从这个家里被撵出去。"

禀性是难以改变的,只能收敛,但机遇却可能不期而至。

那天早上,在离老桥不远的地方,米开罗又一次停在一个精美的神龛前,那里的雕像栩栩如生。一个十七八岁,并不相识的年轻人对他说:"你这个小坏蛋,又在东张西望了。也许你想用颜色涂抹点什么,也许你想拿起刻刀雕上点什么,用锤子叮叮当当把石头敲打成一个雕像,人啊,总有一些自己的打算……"

"如果我没有呢?"米开罗说。

"那不可能，"陌生的年轻人说，"你别像乌鸦一样唱着高调。你看，你常常东张西望，却不像别的小孩那样瞅着甜食，而是看着壁画或者雕塑。哦，你知不知道，壁画是怎么画上去的？"

"不知道。"米开朗琪罗瓮声瓮气地说。

"我知道。你知道我是谁吗？"陌生人说，"我是吉兰达约大师的学生，我给他研磨颜料，同时看他画画，高兴的时候，我也能在他的画上画一点什么，我叫格拉纳契。"

看得出来，格拉纳契感到十分荣幸。

"我叫米开朗琪罗。我没有听说过杰出的吉兰达约先生，但我很想看人家到底怎样画画，怎样做雕塑。如果你能让我到你家主人的画室里看看，我会非常感谢你的。"

"这好办，"格拉纳契说，"我去求得师傅的允许，改天你放学后就可以到我们的画室里来。随便什么时候都可以。"

他们约定了下次见面的地点和时间。

第二天，当他来到吉兰达约先生画室的时候，他立刻被这邋里邋遢、拥挤不堪的画室惊呆了。这里到处都是画板、画架、画框，盛颜料的瓦钵、磨颜料的研盆，还有装着透明而发黄的调色油的玻璃瓶。满屋子是颜料、干性油和清漆的味道。这地方简直无处落脚，但那些学生居然还能在其中走来走去，帮着老师做这做那。画室的深处铺着一些木板床，到了晚上，学生们就挤在那里将就着入睡。

吉兰达约先生正在指导他的学生，这位先生是个急性子，一直在骂骂咧咧地指责手脚不利索的学生们。米开朗琪罗觉得吉兰达约先生是个挺可爱的人，尽管背有些驼，可是眼睛里闪烁着富有活力的光芒。米开朗琪罗呆立在一边，吉兰达约先生看到了他。

"这是哪里来的小耗子，钻到我的画室里来了？"他说。

"老师，这不是小耗子，"格拉纳契陈述道，"这个孩子想像我们大孩子一样跟你学画，也可以帮你做事。"

"是这样吗？"吉兰达约先生说，"你想学画是一回事，而能不能学成又是一回事。"

格拉纳契马上说："他会学成的，老师，我可以担保。只要你看看他画的东西，你就知道了。"

米开朗琪罗一时不知拿什么东西给这位大师看，他忽然想到了那只大火鸡。

吉兰达约先生看着画，他笑了。他是认识弗朗切斯科的，他看到弗朗切斯科变成了一只趾高气扬的大火鸡，还挂着一根拐杖，挺神气地站在画中，这真好玩。作为一个画家，他看出了这孩子难得的美术天赋。

"那好，告诉我，朋友，你的父亲叫什么，他住在哪里？没什么，我去找他谈谈，而你，把所有的素描都拿来让我看一下，好吗？"

米开朗琪罗这才把他书包里的所有素描拿了出来。吉兰达

年轻女子肖像
Portrait of a Young Woman

吉兰达约，15世纪后半叶
木版蛋彩画，44厘米×32厘米
里斯本古尔本基安美术馆

这幅画像的女主人公神情优雅自然，尤其是眼神充满灵动的活力。画家还细致地描绘了她细腻的发丝和精致的服饰，颈间的项链饱满晶莹，和粉色的衣服相得益彰。

约先生审视着那些充满稚气的素描中的有力线条，他的表情立刻明朗了。

"行，明天你就在家里等着我，我来拜访你父亲。"吉兰达约先生说。

波纳罗蒂先生殷勤地接待了吉兰达约老师，起先他以为画家上门是为他的新妻子画肖像的。当他听清教师的来意时，不禁大吃一惊：

"什么，你说什么？"这位从前的执政官一下子手足无措起来，"你让他学绘画，我的儿子米开罗？"

"是的，"教师坚定地说，"他在这方面有很高的天赋。"

屋子里死一般的寂静。波纳罗蒂一下子傻了，眼前的这位画匠，他居然要他的儿子去当一个可怜巴巴的磨颜料的下手，一个手艺人，而不是一位学者、一位官员或者一位军官，这太不可思议了。

"米开罗，我的孩子，你到这里来。"不知为什么，他想到只能求助于他的儿子。

孩子已经出现在门口,像一头被捕获的狼崽子。哦,他十三岁了,长得又黑又瘦,一头乱蓬蓬的卷发,居然像极了那种邋遢的画匠。

"唔,孩子,你想不想成为一个手艺人?这位先生将让你做他家中最肮脏的事情,甚至还会打你。"波纳罗蒂说。

"是的,我愿意,父亲……"米开朗琪罗说。

这是父子关系决定性的一刻。父亲说:"孩子,你应当再想想,再仔细地想想。"

孩子已经转身跑开了,他为自己做了最后的决定。

波纳罗蒂先生沉重地举起鹅毛笔来,这位老镇长想了好久,才艰难地起草了如下的合同:

> 1488年4月1日,兹证明,我,罗多维柯·波纳罗蒂,以下列条件把我的儿子米开朗琪罗托付给多米尼科·吉兰达约:在三年的时间内,让米开朗琪罗学会所指定的手艺,且多米尼科·吉兰达约须在三年内付给罗多维柯二十四个足值的弗罗林(中世纪使用的货币)……

文件递给画家的时候,波纳罗蒂用低沉的声音说:"麻烦你了,先生,现在你就须先付给我十二利维尔(中世纪使用的货币),以证明你的信誉,请收下我签署的文件。"

当吉兰达约把钱如数付清,带着他的新学生离开的时候,波纳罗蒂先生用双手抱住了自己的脑袋,老泪纵横。他绝不相信自己的儿子是一位天才,他只认为,正是他以文件的形式使儿子成了一个下等人。

三

米开朗琪罗抛弃了自己温暖的家庭，换来了属于画家的乱七八糟的生活和仆人般的境遇。许多学生挤在一起睡大通铺，老师第一声叫唤时就必须立即赶到，有时还来不及洗脸，来不及梳理一下纷乱如麻的头发。这些艺术学生成天穿着打补丁的衣衫，简直像一伙供人使唤的跑堂。吉兰达约先生并没有明确的教学计划，他很少说到自己的画法手艺，只有在心血来潮的时候，才会讲如何准备颜料和画素描用的木炭条。这时候，米开朗琪罗才感觉到格拉纳契为何有时把他叫作"师傅"而不是"老师"的原因了。

即使这样，米开朗琪罗还是很快学会了羽毛笔画、银头笔画和铅条笔画，这些画法都是画家广泛使用的基本手段。对米开朗琪罗来说，这里的艺术氛围很是让他满意，只有在这样的环境里，他才有充分的自信心感觉自己正在从事一项名正言顺的事业。对他而言，这样就够了。说到底，艺术是教不会的，它只能被"领悟"，而不是被"教会"，教会的只是技术。

"啊啊，"格拉纳契看了米开罗的画后由衷地说，"你这家伙，快可以教我们了。"

格拉纳契是米开朗琪罗在画室里最好的朋友，他们头挨着头睡，常常说一些悄悄话。他总是胸怀豁达地指出米开罗素描中的每一个成功之处，米开罗对此一直都非常感激，如果没有他的指引，米开罗不可能踏进这个艺术的王国。他们俩抱成一团，不管什么人对他们，或者对吉兰达约老师有所不敬，他们都会奋不顾身地大打出手，米开朗琪罗这个塞蒂尼亚诺山里下来的狼崽子，出手凶狠，胆大妄为，因此画室里常常发生学生的混战。

圣玛利亚教堂的壁画年久失修，吉兰达约先生得到了用油画代替它的订单。画室里很快就搭起了脚手架，大一点的学生爬到吱吱嘎嘎的架子上为老师画一些平涂的背景，年纪小的就只能在平台之间的过桥上帮着递颜料和笔。米开朗琪罗干的正是这种无聊的"运输工"的活，他闲着无事，就信手在一张纸上涂鸦起来。

"你在干什么？你们这些滑头。"

老师显然发现了一堆学生拱围在一起。他愤怒地把学生分开，就看到米开朗琪罗拿着木炭正站在中间。他从米开罗的手中一把夺过素描，不禁惊讶地愣住了。

吉兰达约从米开朗琪罗的素描中发现了自己，还有做出各种滑稽可笑姿势的学生们，这些人物都可以与画室里的那些小家伙

跪着和站着的人像

One Kneeling and Two Standing Figures

米开朗琪罗,1493—1496
钢笔和黑粉笔,26.9厘米×19.4厘米
哈勒姆泰勒博物馆

虽然这只是一张简单的草图,但已经能从中看出年轻的米开朗琪罗所具有的高超绘画天赋,人物的神情和动作,以及衣服的褶皱都相当生动。

一个个地对上号。

"啊,啊啊……"不知是出于赞叹,还是出于忧虑,吉兰达约先生自言自语道,"原来是这样的,这样的……"

米开朗琪罗悄悄地自我钻研着。他并不满足于老师分配给他的无聊工作,总是利用空隙独自偷偷地临摹一些画面的构图和版画的细部,这些样板在画室里随处可见。他也画他看到的一切,有一次趁老师不在的时候,他居然把老师的形象默画了出来,而且其中还有一些属于他自己的新画法。这些特质继续在米开朗琪罗的图画中发展着。他用德国画家马丁·施恩告尔的版画风格创作了一幅素描,画了被魔鬼折磨的圣安东尼,他画的魔鬼,外形包裹着五颜六色的鱼鳞片,表情古怪而可怖,这是按他自己的理解画的。米开朗琪罗不断表现出的新的美术感觉,更使吉兰达约感到惊讶。

当米开罗每次开始工作的时候,他总是变得特别沉默。他常常利用小空隙

圣哲罗姆
St. Jerome

米开朗琪罗，1493—1497
钢笔棕色墨水，28.5厘米×20.9厘米
巴黎卢浮宫博物馆

年轻的米开朗琪罗用寥寥数笔勾勒出圣哲罗姆暴露在自然中的身躯，身材健硕，目光锐利，手中拿着自我锤炼的石块，背后是粗糙的岩穴，整体呈现出人的本质精神。

突然离开画室。谁也没有想到的是，他出去的目的是寻找一些动物，观察它们如何表现愤怒，比如看鸡和狗的争斗，或者猫如何撕碎老鼠，然后用在他的画面里表现魔鬼的愤怒。他也会到一些卖肉和卖鱼的小店或者摊贩那里，观察鱼的奇怪鳞片，或者山禽的美丽羽毛，以及长着锐利牙齿的动物，看它们的爪子和羽毛。他在对大自然的观察中，理解了造型和色彩的无限丰富性，之后再表现在他的画中。十四岁的少年已经开始按他的想象作画了，他能画出别人尚未发现的美丽和丑恶，人们观看他画面里的魔鬼和受难者时会有更为真切的感觉。

和多数意大利人一样，吉兰达约是个热情奔放的人，他越来越不能抑制自己对米开朗琪罗这位十四岁孩子的妒羡之心，他激动又惊愕，他叫嚷着："米开罗你这个混蛋，在我这里，你学了些什么呀？"然而他不得不承认现实，他在嚷嚷完之后，又会独自低下头去咕哝："过不了多久，他就会超过所有人，包括

我，吉兰达约。"

从这一天起，吉兰达约就开始敌视起米开朗琪罗了，他不知道自己这种对学生不明不白的妒恨是为了什么。他常常无缘无故地找他的岔子，然后将他大骂一通，或者吹毛求疵，把他奚落一番。反正，他对米开朗琪罗这个学生越看越不顺眼，这种不断变本加厉的做法也使米开朗琪罗完全明白了他现在的艰难处境，然而离合同规定的期限还有两年多的时间。

最后的冲突发生在一件偶然的小事上。吉兰达约叫米开朗琪罗复制一幅他自己的素描，其中的隐义是让这个十四岁的狼崽子好好领教一下先生的能耐。在工作完成之后，吉兰达约竟然把米开朗琪罗复制得非常好的那一幅当作他自己画的那幅了。

"你错了，老师，"米开朗琪罗平静地说，"那一幅才是你的，你手中拿的这一幅，只是我的复制品。"

吉兰达约面色苍白，他喘着气，边上的学生在窃窃地笑着。他感到无地自容，突然把手中的那幅画揉成一团，然后大声地叫喊着：

"你，给我滚出去。"

四

现在,米开朗琪罗成了一个流浪汉,这个十四岁的小孩子不敢回家。以友情为重的格拉纳契陪着他,他们在佛罗伦萨那些弯弯曲曲的小巷里游来荡去,无所事事。

"这样反而更加自由了,"格拉纳契用无可奈何的语气安慰着米开罗,"你完全可以想去哪儿就去哪儿了。"

"真的?"米开朗琪罗说,"那我们为什么不去找一下洛伦佐·德·美第奇?他是佛罗伦萨最有力量的人。"

这显然是一句玩笑。

格拉纳契却认真起来:"真的可以呀!你难道不知道吗?明天在卡列吉别墅有一个节日。执政官总是欢迎民众前去参加。"

他们带着一种恶作剧的心态,决定明天去闯一下这个最高规格的典礼。

正如美第奇家族的敌人所称呼的那样,洛伦佐是佛罗伦萨的显赫者。这个金融家兼政治家,有权力也有钱,可以实现任何一种刁钻古怪的想法,他同时又是一个受过良好教育的意大利人,这些意大利人最先开始研究希腊文,熟悉古希腊文学,殷勤地接待由于土耳其入侵而逃亡的希腊学者。和整个意大利的上层人物一样,洛伦佐也拼命地收藏稀世珍宝,一心把自己的宫殿建成意大利第一流的博物馆。在圣马可修道院里,他甚至模仿著名的雅典学院建造了一座特殊的学院,让年轻的天才们在著名艺术家的指导下获得艺术的高等教育。

洛伦佐的宫廷节日总是充满了艺术情趣。卡列吉别墅的入口是精心整修过的林荫道,在那银色橡树林的衬托下,深邃的夹道就像天堂之门。当这两个学美术的学生来到这里的时候,一组漂亮的裸体青年已经开始了他们的角逐表演,接着,完全是古典式样的竞技、赛跑、掷铁饼、赛马,一个比一个精彩。穿着古希腊式轻盈的宽袍,头发披散着的年轻姑娘举着花环翩翩起舞,那舞蹈具有火一般的炽热与疯狂,令人叹为观止。醉醺醺的女祭司在平台上舞动着更为疯狂的身姿,把瓦克赫舞掀起的热情不断传递给狂热的观众。

也许洛伦佐对于自己制造的那种矫情的经典产生了厌倦,也许他想在令人窒息的人造热情中获得片刻的闲暇,反正当他一个人溜达到一个喷泉边上时,他偶然碰上了那两个半大的孩子。望着这两个纯真可爱、稚气未脱的孩子,他忽然感动了。

"啊,"他先开口了,"从你们那艺术家穿的短上衣,我猜想你们是学习艺术的学生。"

格拉纳契向他深深地鞠了一躬:"尊敬的先生,请允许我们自我介绍,我叫格拉纳契,而这位朋友,他叫米开朗琪罗,我们都是吉兰达约的学生。"

"哦,吉兰达约,在佛罗伦萨这是个响亮的名字。怎么样,你们对今天的节日安排感觉如何?"洛伦佐说。

美第奇家族的统治有一种古希腊式的民主,执政官和平民公众的频繁接触是很正常的事。

"真是太妙了,"格拉纳契说,"如果我们还有机会光临这样的盛会,那真是无上的荣光。"

"真的?"洛伦佐有些高兴起来,"你们年轻人也这么看?你呢,这位小弟弟?"

"我想,"米开罗说,"这也许太糜费了,令人难以置信。"

洛伦佐的脸上掠过一丝阴影,但是很快一闪而过。

"年轻人的意见总是有道理的,我欢迎你们能经常来,可以随时光顾卡列吉别墅。真的,你们就是我的朋友。"洛伦佐说。

从这天起,他们俩居然可以自由出入卡列吉别墅了,这简直是神话般的转变。没过多久,他们又与洛伦佐在林荫道上相遇了。执政官显然记起了节日上相遇的情景。

"喂,小家伙,你们怎么还这样邋遢,这可不是我的学校学生的样子。"执政官说。

"噢,对不起,"格拉纳契说,"我们还不是你圣马可学院的学生,我们在吉兰达约那里学习。"

"那为什么不到我们光荣的贝托尔多·迪·乔万尼的画室里来呢?"

"不,"米开罗说,"我们得按合同在吉兰达约那里学习。"

"合同,什么合同?"执政官说,"如果有必要,我可以付他违约金。对,我今天就去付,这太容易了。"

"如果他……"格拉纳契说,"他不同意呢?"

"噢,原来如此。那么如果我需要你们呢?好吧,这已经不是你们的事情了,快到贝托尔多先生那里去吧,我会叫人把你们的东西送来的。"

一切问题都迎刃而解,这是米开朗琪罗做梦都没想到的。

他们被安顿在花园般的学院里,参加贝托尔多老师正在教授的雕塑课程。这位在佛罗伦萨艺术圈里声名显赫的教师,其实并不是万神之主般的艺术宙斯,他只是个慈祥的老人。他对学生平易近人,总是把一切都弄得干干净净的。让学生们打扫校园,那只是次要的,最主要的是他会教给学生,当艺术灵感突然来临时,应当如何着手工作。这个幽默的人总是笑嘻嘻地轻松指出学生的缺点,而且要求他们循序渐进。

"孩子们,你们得先学会使用木制的塑刀,先塑泥像,以后再学习雕刻。机灵一点,什么事情都得动动脑筋。"

米开朗琪罗觉得,他在这里一天所学到的东西,在吉兰达约画室里用一个月也未必能学到。虽然他热爱绘画,但也许是受到贝托尔多先生的感染,他对雕塑产生了不可抑制的热情。

◇ 多米尼科·吉兰达约
Domenico Ghirlandaio
1449—1494
意大利画家

吉兰达约的绘画风格坚实而平淡，并且相当传统。他最大的成就是在佛罗伦萨为美第奇家族所绘的场景壁画。他最著名的学生是米开朗琪罗。

他看了花园里这么多古典大师的作品，感到自己是那么的微不足道，但是他在细心观察那些大师作品的同时，渐渐悟到了雕塑为何完美的奥义。有了这点奥义，创造完美的雕塑就不可怕了。老师要求从泥塑开始，但是他对雕刻的渴望却无法抑制，他必须先行动起来。

卡列吉别墅正在进行一项工程，新建的报告厅要用无数大理石来装饰。小米开朗琪罗悄悄地弄到了一块大理石的边角料，开始将自己的梦想付诸实施。雕什么好呢？他决定雕一个牧神的头像，就像那个僻静的喷泉边上的牧神，森林中的精灵。他找到喷泉，周围一片寂静，只有淙淙的流水声。根据贝托尔多老师教导的基本方法，他先做好了黏土小稿，然后开始在石头上雕凿。米开朗琪罗的小凿子在坚硬的大理石上发出欢快的响声，那块不成形的大理石开始出现了人像的雏形。他兴奋地望着喷泉边上的牧神像头部，根据自己的感觉越琢越细。"要让他活起来，就像有生命的人。"他

圣母子和圣约翰及天使

Virgin and Child with St. John and Angels

米开朗琪罗,约1497年
木版蛋彩画,105厘米×77厘米
伦敦国家美术馆

虽然这是一幅没有完成的画作,但已充分展示了米开朗琪罗鲜明的个人风格。强健的肌肉、立体的脸型、柔软的卷发,身穿兽皮的圣约翰目视观众,连接起左边的圣母子和右边的天使。

这样想着。

凿子不时地停下来,半大孩子米开朗琪罗陷入了沉思。哦,他为什么对人们信仰中的遥远的古典时代的那些传说人物,有着如此强烈的执着和爱好呢?难道仅仅是因为人们从小就对天主怀着一种崇高的敬畏之心吗?他无法明白自己心中掀起波澜的原因。他努力凿着大理石,仿佛有神力在庇佑他,隐藏在大理石中的人物形象慢慢地出现了。

那是牧神的雕像,米开朗琪罗后退了几步,这样他就可以看得更完整、更清楚一些。哦,这森林之神正在滑稽地朝着他笑呢。他发现自己雕琢的牧神比喷泉边上的那个少了一点神的气息,却多了一点朋友的情韵。亲近的朋友总比敬畏的神祇要好,要讨人喜欢。不管如何,他终于证明自己能够制作雕像了,这确实令人兴奋。

这时的米开朗琪罗根本没有发现有人正轻轻拨开他身后的法国梧桐的细枝,悄然坠落的树叶在那神秘人的脚下沙沙作响。一只手突然放到了他的肩上,米开朗琪罗哆嗦了一下,他猛地扭过头去。

洛伦佐·德·美第奇正站在他的身后。

"哦,孩子,"执政官说,"你是想把这喷泉边上的牧神复制下来?"

"是的。"年轻的雕塑家充满自信地回答。

"嗯,这真不错。你抓住了他的表情,那种兽类高兴时的心情,这一点,你做得很有深度。美中不足的是,你雕的那个老头,他会有这么漂亮而饱满的嘴唇吗?"执政官说。

米开朗琪罗的脸红了,他再没有吭声。等到执政官走开后,他拿起凿子,把老牧神的那两片嘴唇凿掉了。

这一夜,他没有睡好。

第二天一早,他决定把自己的第一件雕塑作品拿回家去,他想听听父亲的意见。他来到喷泉边上,可是再也找不到那个雕像了,怎么找也找不到。米开罗心里很难过,他想:"如果昨天我把它收起来就好了。"

有人从沙石小道上走了过来。他又看到了执政官的身影。

"啊,朋友,"洛伦佐·德·美第奇说,"跟我来吧,这对你肯定会有好处。你应该知道那些你至今都不曾知道的东西,这样,你就会用大理石来雕琢比你昨天的作品更加漂亮的雕像了。你不必再寻找你的牧神,它被我拿走了。就这么回事,现在,你就跟我走吧。"

五

米开朗琪罗就这样跟着洛伦佐·德·美第奇走了。他们来到一座很气派的大厅。一路上，不时有仆人向他们表示敬意，并且他们已经走过了好几重装饰华丽的大门。

大厅四周由无数精美的壁画装饰而成，中间放置的古典雕塑令人目不暇接。这是美第奇家族最精美的艺术博物馆。当米开朗琪罗第一次面对它时，他的心中惊叹不已。

"看，你的牧神就在那里。"洛伦佐说。

沿着洛伦佐指示的方向，米开朗琪罗看到了自己的牧神，那个并不高明的雕像被放置在由无数雕像拱围着的一个令人瞩目的位置。这是多么荣耀的事情啊，米开朗琪罗的心仿佛突然停止了跳动，他呆呆地站在那里，就像一座大理石雕像。

洛伦佐需要的就是这个效果。

"你有罕见的天赋，米开罗。"这位大人物不是心血来潮，他给这位少年以殊誉，也许正是出于他的某种预感。说不定什么时候，这位天才少年真能给意大利艺术带来极大的荣耀，到那时，人们就会说："看哪，慷慨富裕的洛伦佐·德·美第奇，他的目光也是那么远大，是他把一文不名、门第低下的孩子造就成了一位伟大的雕塑家。"

"孩子，我想经常看到你，关注你的发展。你可以在我的官殿里得到一间住所，你将参加我们这里举办的那些学术辩论会。在那里，你将会从哲学家和诗人们的身上获得思想的能量，使你的天赋得到更为充分的发展。孩子，你需要教育，你将成为我的艺术家。"洛伦佐·德·美第奇宽厚地说。

自从这个头发蓬松、沉默寡言的米开朗琪罗做了一个可笑的牧神头像后，人们发现他在卡列吉别墅里的地位今非昔比。执政官新收藏的作品，包括新进的大理石材的质地，都要拿来让这半大孩子过目，供他欣赏并提出意见。到后来，甚至未经米开朗琪罗的赞同，执政官就不再为自己的博物馆购进任何东西。洛伦佐也实践了自己的诺言，他让米开朗琪罗参加由著名诗人和学者举办的哲学辩论会，让他在这一大群极负盛名的先生们中拥有一个正式的席位。每当这时，米开朗琪罗总是表情严肃，紧闭双唇，张着那双棕色的眼睛，从不离开大厅高处的座位。这些辩论显然启蒙了他的心智，我们日后可以看到米开朗琪罗充满哲理而又文句优雅的文章，应该与此有关。

在哲学辩论会上，他结识了意大利伟大的诗人和哲学家安哲罗·波利齐亚诺，当然，这位已经成名的先生比米开朗琪罗整整大了二十岁。起先，哲学家对这个半大孩子出现在如此神圣的辩论会中并没有产生多大的兴趣,但当他们略有接触后,哲学家惊讶地发现这个半大孩子经常表达得简洁而准确。当然,这个年轻人还有许多东西弄不明白,但他会坦率地承认,并不掩饰自己空洞的自尊,并诚恳地向哲学家请教。波利齐亚诺很高兴,就让他随时到自己的住所去,这样他们可以做更深刻的探讨。波利齐亚诺就住在宫廷的左侧,诗人和哲学家都住在那里。

年轻的米开朗琪罗越来越表现出对知识的渴求,他对古希腊、古罗马的遗址,以及自己故乡的古迹,对于意大利历代英雄们留下的业绩,对于但丁和彼得拉克的不朽诗篇,都表现出极大的热情。他通宵达旦地背诵着诗人的名句,感到自己的人格在升华,狼崽子开始走向文明人的境界。

Non vi si pensa quanto sangue costa。(意大利语:人们不曾想到,这一切都以鲜血换取。)

他的思想在无限的时空中驰骋。从依稀记起的塞蒂尼亚诺山村,到美第奇豪华的宫殿,但丁这句写在《天堂》里的诗句,无处不在表现一种伟大的精神,一种意大利的精神。这种精神并不是空洞的宏伟,而是对造就了历史的人们的深深敬仰。人,那些无名的英雄和伟人,他们才是打动年轻雕塑家心灵的神。

奢华的生活并没有使米开朗琪罗陶醉,在圣马可教堂的花园学校里,最使他动情的倒是那些被搜罗来布置在四周的古典雕像,他仿佛感觉到了那些古代世界的灵魂在那里呼吸,这些雕像所表达的对光明的追求、对生活的热爱，以及对世界极为敏感的理解，都以曲折隐晦的方式启示着后人的心灵。这里所容纳的广阔博爱，使米开朗琪罗想到了塞蒂尼亚诺山村那些熟悉的生活，想到令他不能忘怀的穷苦石匠，想到他们贫困的生活，他们的期望和要求。米开朗琪罗的思想产生了严重的矛盾，他知道，他并不因此仇视统治者洛伦佐，也不厌恶他的盛情款待，他甚至发自内心地对这位被人们称为暴君的执政者怀着感激之情。他依稀明白，洛伦佐对于他的关心，其中有一个很现实的期望，那就是他希望年轻的雕塑家会对他的儿子和继承人，那个头脑简单、腹中空空的彼耶罗·德·美第奇以后的执政生涯继续有益。

波利齐亚诺犀利的思想使米开朗琪罗兴奋而痛苦。他越来越频繁地来到哲学家的住所。在那装满沉甸甸的手稿和书籍的书架的包围下，他们俩围着一个小铜烛台倾心交谈。每当他到来的时候，伏在又大又厚的古书前翻译着古希腊哲学家文章的波利齐亚诺都会愉快地抬起头来，目光闪烁着由衷的喜悦。只有在这时，米开罗才感到心灵的释然。

"伟大的苏格拉底的故事也许对你会有启示，"波利齐亚诺说，"他的父亲是个雕塑家，他把手艺传给了儿子，他们一起为著名人物的坟墓制作纪念碑。可是有别的东西吸引着苏格拉底，他想寻找生活的真谛。"他告诉米开朗琪罗，这位伟人具有非凡的演说才能，他漫游雅典，教给渴望学习的人们以智慧，在不学无术、物欲横流的当时,他点燃了人们心头真理的火炬。他从不把自己称为学者,他认为自己只是想做个对人们有用的人。在与多神教祭司的斗争中,他被判处死刑,他勇敢地公开宣告自己反祭司的言论。他的学生劝说他去收买法官,但是他拒绝了,他平静地面对死亡,喝下了最后的毒酒。直到咽气,他都一直在和学生们谈话,仿佛什么都没有发生。

"米开罗,"波利齐亚诺发现这位天才少年在听完故事后怅然若失,"一个雕塑家不仅仅表现技巧,他同时表现真理。"

这个故事深深地印刻在米开朗琪罗的心中,使他激动不已。他决心追随真理。可是,真理在哪里呢?

六

开始的时候,洛伦佐并没有发现,为什么越来越多的市民向圣马可修道院拥去,他们到那里去聆听萨佛纳罗拉院长的讲道。讲道的内容完全是批判佛罗伦萨城里的奢华之风,他认为这种腐败习气完全背离了基督精神。他指名道姓地批判美第奇家族和洛伦佐本人,而且自诩有预言能力,警告佛罗伦萨市民,如果他们不改邪归正,必将大难临头。于是,市民们怀着敬畏之心聚集到他的周围。一时间,他成了这座城市的精神领袖。这位圣马可修道院院长还是洛伦佐请来的,但是他并不买洛伦佐的账,权力和金钱都不能动摇他钢铁一般的意志。洛伦佐在佛罗伦萨遇上了一个强大的对手。

信服萨佛纳罗拉的民众像着了魔一样,他们把一切奢侈的物品,包括珍贵的艺术品都拿到圣马可教堂前的广场上焚毁。这位身材瘦弱、目光炯炯的修士站在熊熊的火堆边上激烈地演说着,他反对奢华,倡导节俭,他鼓励市民通过选举产生共和政府,推翻美第奇家族的独裁统治。他的主张听起来完全正确，但他的精神从文明的整体进程来看，恰恰相反。这样的局面愈演愈烈，洛伦佐这才发现其中有些什么不太对劲。他想："这个发疯的教士到底怎么啦，他懂得青春的舞女美妙绝伦的外轮廓线吗？懂得阿波罗雕像精美之所在吗？全是一帮愚蠢的家伙。"

他带着阴沉烦躁的心情独步在花园之中，忽然看到了米开朗琪罗的身影，哦，这段阴沉的日子使他把贝托尔多的学生们全给忘了。

"你在做什么呢，我的朋友？"他说。

"我在看我的作品。"米开朗琪罗一边说着，一边向前面的一块浅浮雕走去。

"哦，这是什么？孩子，你在雕刻的难道是古代山道尔神的故事吗？"

"是的，先生，他正在与腊比佛族战斗呢。"

这是荷马史诗《伊利亚特》中的故事，山道尔是个半人半马神，他与古代的部族进行过浴血战斗。

米开朗琪罗没有告诉执政官，他的心灵正经历着多少斗争。他在塑造这些完美人体时，经历了被践踏的自然和萨佛纳罗威胁性的宣传的蛊惑。现在，他要通过对值得骄傲的力、美和英雄气概的颂扬，来表现他对于波利齐亚诺老师谈话精神的理解。几乎在同一时期，米开朗琪罗的著名作品《阶梯圣母》也制作完成了。在佛罗伦萨这场声势浩大的斗争初期，米开朗琪

阶梯圣母
Madonna of the Stairs
米开朗琪罗，约1491年
大理石，56.7厘米 × 40.1厘米
佛罗伦萨博纳罗蒂之家博物馆

米开朗琪罗用精湛的技艺让大理石的平面浮现出生动的人物。圣母的衣褶尤为动人，与怀中的圣子组成一幅充满母爱的画面。

罗是迷惘的，但是有一点他很明白，那就是他要坚持真理。

春天姗姗来迟，春花披离散落，卡列吉别墅再也听不到昔日的欢歌笑语，忧郁的洛伦佐·德·美第奇在久久卧床不起后，看样子就要不久于人世了。没有一个医生能治好他的病，他高烧不退，整夜整夜说着胡话。终于在4月里，教堂的塔顶上升起了宣告他寿终正寝的黑旗。洛伦佐胸无点墨的儿子彼耶罗·美第奇接任了执政官的职位。米开朗琪罗在洛伦佐豪奢的葬礼后即刻离开了卡列吉别墅，他只向一个人道别——好朋友波利齐亚诺紧紧拥抱了他——然后回到父亲的身旁。他的父亲，这时候已经是个税务小吏，他为儿子愚蠢地离开荣耀的卡列吉别墅发了一大通脾气。

米开朗琪罗沉浸在沉思默想中。他已经不再是轻易就发脾气的狼崽子了，他利用这一段日子认真研究了人体的运动、肌肉的构造和人体美的类型。是的，只有人、人格和人性这才是艺术要表达的真谛。他秘密地要求圣斯比利托修道院的院长让他解剖停放在修道院门口准备埋葬的一具外国人的尸体,因为在当时,这件事如果引起流言蜚语,他就有可能被狂怒的人们撕成碎片。

"是的,一个念头正在我的想象中悄悄滋生。"米开朗琪罗借着昏黄的灯光解剖尸体时想到,"我正准备塑造一座黑尔古力士的雕像,那是古希腊勇士的最高理想,传说正是他把世界从怪诞、凶恶、兽行和各种罪恶中解救出来,这时候,再没有比勇敢的精神更让我需要的了。哦,我会不会让人们理解成在歌颂萨佛纳罗拉?不,不是的,他只是一种走向解放的推动力,这个疯狂的教士不只是猛烈地抨击奢侈,而且也抨击毫无过错的艺术,这怎么可以呢?艺术是照亮黑夜的火炬。萨佛纳罗拉不是未来的黑尔古力士,他不是意大利的解放者。"

彼耶罗·美第奇派来了说客,他传达了执政者的旨意:凡是他高贵的先父洛伦佐生前所器重的人,他都予以充分的尊重与关注。一匹好马再次把米开朗琪罗驮回了卡列吉别墅,米开朗琪罗之所以同意前往,是他正想借此完成自己的《黑尔古力士》。他来到别墅的第一件事就是前去拜访他的老师。波利齐亚诺显然苍老了,他失去了昔日犀利的谈锋,米开朗琪罗不知道,哲学家此时又进入了思想的迷宫之中。

萨佛纳罗拉以神的名义预言了美第奇家族的覆灭命运,又一次在佛罗伦萨掀起了狂热。人们拥上街头，聚集在广场和公共建筑前。新奇的"篝火忏悔仪式"吸引了越来越多的人，无数珍贵的奢侈品、艺术品被纷纷投入熊熊火焰，迷狂的人们用自己怪异的妄想来印证萨佛纳罗拉的神奇。

"我向圣母起誓，昨天夜里我忽然醒来，看到了三个太阳。"

"洛伦佐死的时候，一颗多么明亮的星，正好悬在卡列吉的上空呀！"

"哦，这正是末日的先兆，让雷电把桑塔·马利亚教堂击溃吧，这是天父的报应。"

人们抬着一大幅画走向篝火，一个画得极好的人体在米开朗琪罗眼前一晃，它就被投进烈火。突然，圣马可教堂的钟声发出了沉闷的响声，人群中不知谁在说着：

"听哪，一个老头死了，一个教士，一个……他留下了遗言，要把他当成修士来安葬。"

忧伤的多米尼克教士抬着黑色的棺材穿过人群，米开朗琪罗走上前去，他的心突然抽紧了，那是他的朋友，他的忘年交波利齐亚诺。哦，老师穿着多米尼克教派的法衣，正静静地躺在棺材里，黑色的斗篷遮住了他的半张脸。虚弱的萨佛纳罗拉走上前来，他为亡灵致辞，亲自把这位前来忏悔的哲学家送向墓地。

米开朗琪罗忽然想到了老师说过的苏格拉底的故事。哦，老师肯定是错把萨佛纳罗拉当成当代的苏格拉底了。哲学家也有迷惑的时候。米开朗琪罗的耳边再一次响起了老师生前说过的话;"Mille piacer' non vaglion un tormento。(意大利语:一千种欢乐,也无法弥补一次悲伤。)"波利齐亚诺死了,他肝肠寸断;又有消息传来,法国军队趁机入侵,他们快速越过边境,占领了北方的好几个城镇。他感到极度疲惫,一种仿佛死亡临近时的疲惫。

1494年的秋天过得紊乱而令人恐惧,美第奇家族在执政六十年后,第一次逃离了佛罗伦萨。十九岁的米开朗琪罗极其忧伤地随着逃难的队伍匆匆离开了佛罗伦萨。大部队在威尼斯稍做逗留,米开朗琪罗想在那里整理一下思绪。下一步,他该如何走呢?刚刚跨入成年的米开朗琪罗,却在这时候失去了人生的方向,他感到了深深的痛苦。

一件十分偶然的事情决定了米开朗琪罗的新去向。当洛伦佐还在世时,有一次,他站在米开朗琪罗的新作《睡着的阿木尔》前突发奇想,他说:"我以圣母的名义起誓,这绝对是神圣的创作,它使人想起远古的人们。为什么不把它埋到地下,让后人发掘出来,使它成为一件真正的古典作品?"米开朗琪罗真的这样做了。后来,罗马的红衣主教通过经纪人把这座雕像买走了。现在,红衣主教再一次回忆起这件事情,他说:"如果这件作品真的出自现代艺术家之手,请务必找到他,把他请到罗马来。"

罗马的使者证实了米开朗琪罗的身份,红衣主教的建议也使他高兴。1496年6月,米开朗琪罗向罗马启程了。

第 三 章

1483—1499

忧伤的米兰

偶尔远离你的工作,

给自己放松一下;

回来的时候,

你的判断会变得更准确。

要离开一段距离,

当你的工作变得愈来愈渺小时,

你便可看清它的全部,

任何不和谐和不合比例之处,

也就显露无遗了。

——莱昂纳多·达·芬奇

一

在达·芬奇的印象里，米兰大公路德维柯·莫罗是一个可能为他提供创造性工作条件的人。大公出生于姓氏为斯福尔扎的平民家族，他的祖上在一百年前还是普通的农民。乱世的机遇和随机应变的处世能力，使他们慢慢获得了高层的荣誉和权力。

当初，这个家族中的一员，也就是达·芬奇准备为他铸造青铜雕像的弗朗切斯科·斯福尔扎，这个人聪明大胆，他在无数胜利中获得了士兵们的心，这种才能与阴谋结合在一起的作为，使他理所当然地在他岳父米兰大公死后，顺利攫取了这个公国。弗朗切斯科死后，权力移交给他的儿子加列阿佐·马利亚，这位斯福尔扎家族的第二任执政者却是个狂妄乖张的人，他敢于把受怀疑的亲属一律处死，也不体恤民力，常常苛求别人做出人力不可为的事情，比如要求在一夜之内把他宫殿的所有墙壁都换上新的壁画。他嗜好观赏他本人发明的一种死刑，把受死的人用泥土埋到脖子，接着强行喂他们肮脏的东西，或者将污秽的物品灌入他们的口中,直到他们断气。这样的大公必然臭名远扬。现任公国的摄政者路德维柯·莫罗,他是弗朗切斯科·斯福尔扎的第二个儿子。父亲死的时候,大公的职位传给了大儿子加列阿佐·马利亚,他试图从兄长的手中夺取权力,但是失败了,一度被赶出公国流亡他乡,然而这个意志坚强的人很快获得了强大的支持者,这时候上帝给了他一个机遇,他的兄长匆匆谢世,留下一个幼小的继承者——他的侄子吉安·加列阿佐,于是路德维柯·莫罗返回故乡当上了摄政王,并把侄儿变成了听任他摆布的工具。

当时的意大利到处都在上演阴谋和叛乱,尽管使用同一种语言,遵循同一种习俗,但半岛上众多的独立小国都是不共戴天的仇敌,他们都希望通过倾轧与兼并使自己变得强大,拥有更为崇高的威望。教皇也不甘落后,他为了保持自己神圣的地位,把荣誉、尊严和名分都一一拍卖,教士们则以上帝的名义出售赎罪券,以此宽恕最令人发指的罪行。路德维柯·莫罗并不是他们中的圣者,他同样具有那个时代所有割据的独立王国统治者的通病——自私、奸诈、虚荣、娇弱、残忍和口是心非,但是他的高明正在于他美丽的宣言。

"君主,"莫罗说,"他应该明智,他无权胡作非为,而应当不倦地为人民的利益提供服务。"

于是他竭力要把米兰变成意大利精神生活的荟萃之地,他也像佛罗伦萨的统治者那样,努力招募学者、工程师和艺术家,米兰公国巴维亚城的一所大学,成为当时意大利主要的教育中心。在这种表面的繁荣之下,激情澎湃的诗人们颂扬着莫罗,天才的乐师为他演奏辉煌的颂歌。而莫罗在这种世相里也把兽性的残忍和贪婪埋藏于内心深处,表现出对艺术真诚坦率的热爱,这使他常常处在双重人格的矛盾之中。总之,当1482年莱昂纳多·达·芬奇到达米兰的时候,大体的局面就是这样。

画家来到米兰城堡的时候,路德维柯显得异常傲慢,他仿佛先发制人似的要用自己的威严镇住别人。这位大公当时装出一副爱理不理的样子,有一句没一句地闲聊些什么。当莱昂纳多·达·芬奇看到大公身上佩戴的那些昂贵而俗气的珠宝时,他不禁哑然失笑。他的眼中流露出嘲笑的火焰,使敏感的大公脸上晕起一阵绯红,大公感觉到了这个佛罗伦萨人有一颗不可征服的心。

"你建议为我父亲建造一座骑马的雕像,"大公说,"我对此很感兴趣。我的意思是,你能否建造一些更加宏伟的东西,来颂扬弗朗切斯科·斯福尔扎?"

"我自信我完全能行,殿下,"达·芬奇说,"只是需要材料、工场和助手,当然首要的还是钱。"

"如果是颂扬斯福尔扎家族的事,钱是不成问题的。"莫罗高傲地说。

"那么,我将为殿下提供一个预算清单,并尽快落实我的工作室。"达·芬奇说完后,深深地鞠了一躬。这时候,他忽然想到自己原先对莫罗的印象也许有许多浪漫的成分，但不管是美第奇还是斯福尔扎，只要能为他提供从事艺术创作和科学研究的条件就足够了，他没有更多的奢望。

二

　　莫罗对达·芬奇的才能是有所耳闻的，他的出手也比想象的要大方得多。他下令把米兰维切门近郊的要塞与圣德拉·格雷齐修道院之间的那片土地划归画家。这是一片用篱笆围成的广阔原野，它边上的圣德拉·格雷齐修道院，那是年轻的天才建筑家伯拉孟特服务于米兰时建造的。达·芬奇在那里建造了一座宽敞的房舍，安排了他的画室、起居室和卧室，其他的房间便是学生和助手的宿舍。房外的空地被改造成花园，达·芬奇在花园深处建造了另一座小建筑，那里常年房门紧锁，达·芬奇在里边继续他的化学、数学、解剖学、植物学和地质学的研究和实验。在那里，他发现了一些新的化合物，得到了一些新的观察结论。达·芬奇在进行艺术创作的同时，一直谨记托斯卡内利老师的教导，进行着他的科学实验。

　　但郊外的那座房子用来制作伟大的巨物——弗朗切斯科·斯福尔扎的塑像——显然还是太小，那个塑像有八米高，铸造它需要十万磅青铜。莫罗在城堡边上又为画家划出一块工作场地。

达·芬奇开始工作了,他整天画着一张又一张草图。他始终在两个方案之间犹豫不决,一个方案是主人平静地骑在即将出发的马上,带着胜利者的骄傲;另一方案是一匹跃起的马,马蹄下是被打翻的敌人。从现在保存下来的画家的无数草稿看,这位佛罗伦萨的优秀骑手,表达了他对马匹各种姿态的清晰记忆,包括它们的细部结构和运动中的特点。几个月的时间匆匆而过,他估计这项工作会延宕一年以上的时间,因为构思越深入、越完善,他越感到对所描述的事物细节的科学认识必须更精确。这使缺乏耐心的"订货者"有些焦虑不安了。

"人物形象是个复杂的问题,"达·芬奇想,"这个斯福尔扎是个随时准备出卖最好朋友的粗鲁大兵,没有良心,也没有道德感,他同时又是一个狐狸一般狡猾的人,勇敢和阴谋在他身上浑然一体;他是个冒险家,又是个小心谨慎的统治者,是个戴着'国家和人民的恩人'假面具的暴君。哦,这种双重性、两面性,那是多么复杂又多么有趣呀。"

于是,两个方案的草图同时产生了。一个是意识到自己的力量,在士兵胜利的欢呼声中平静地骑着马缓步走向前方的统帅;第二个方案更加大胆,将军向着战场的中心策马飞驰,狂怒的马匹和被战斗所激励的骑士,用可怕的速度向前厮杀,这是在刚刚发起对敌冲击时一刹那的突然迸发,人和马就像一团

画家用寥寥数笔就勾勒出了骑马人和马匹的飒爽英姿。马匹的面部、肌肉和马蹄的姿态栩栩如生,充满力量和动感,虽然只是草图,但骑士击倒敌人的气势依旧显露无遗,霸气十足。

斯福尔扎雕像研究
Study for the Sforza Monument
达·芬奇,约1488—1489
炭笔,22厘米×28厘米
温莎皇家收藏

炽热的烈火,奔突进击,一往无前。

两个方案被放到了优柔寡断的"订货者"面前。在这样的时刻,艺术家不但需要成熟且巨大的忍耐力,还必须有超乎寻常的哲学家般的冷静沉着。路德维柯·莫罗会一次次地产生各种古怪的念头,提出种种匪夷所思的要求,你必须加以解释,或者必须阻止,并说明即使办成了也只是个可笑的想法,或者把他的怪主意从形式上扭转过来。也许是无能的统治者的通病,一个方案越完善,就会在他的桌子上搁得越久——方案激发了他对荣誉的欲望,他总认为最优秀的方案都出自他自己的英明决策。

这种对于方案无休止的解释,使达·芬奇的学识和艺术素养越来越全面地显示在莫罗的面前,因而他也越来越被莫罗所依赖。达·芬奇常常不得不丢开刚刚起头的工作,去为花样百出的莫罗张罗宫廷的陈设;或者设计节日狂欢的布置,从游行到戏剧、芭蕾服装的设计,直至凯旋门的装饰;还得创作康佐涅诗——一种古典诗体的抒情诗,以便在节日的高潮中以悦圣听。总之,这位佛罗伦萨艺术家的一切,他优雅的谈吐、敏捷的思想、幽默的表达、机智的应对,是任何人都不能替代的。艺术家成了大公不可缺少的御用文人。

另一种折磨来自大公的侄子,吉安·加列阿佐。疾病缠身的爵爷也把解脱无法逃离的痛苦的最后希望寄托在智慧的画家身上。他不断地向画家倾诉病痛,然后表达对专制叔叔的不满,他把画家引为知己，然而他那种毫无顾忌的做法让达·芬奇很尴尬，因为这可能会使达·芬奇陷入叛党的可怕境地。

达·芬奇深知其中的复杂关系，有一次他就历经了这样的事件。那是一个阴郁的冬日傍晚，路德维柯派人把达·芬奇叫到他的御前。大公孤独地坐在火炉边，头埋在双手里，门边是一个打盹的少年侍者。听到画家的脚步声，他抬起头来。

"啊，你来得正好……我准备反击了。"他说着，拔出短剑。他的边上放着一只盛满葡萄酒的金角杯，看上去他并没有动过那杯中之物。大公抖索着，就像是患了霍乱症。

"风敲击着窗户，就像有人在那里发出警示……哦，先父临死前，窗户就发出这样的响声。……我的周围都是坏蛋，他们想推翻我这个理所应当的继承者，要把那个不成器的兔崽子捧上台。这个兔崽子的父亲出生时，斯福尔扎还是一个普通的大兵，而我出生时，他已经是米兰的大公了。……去吧，"他扭头对那个刚从瞌睡中醒来的少年侍者说，"好好监视着通向你家主人内室的门。"

"你看，这兔崽子派人送来了毒酒，他以为我在这么寒冷的天气里肯定会把它一饮而尽。"大公向内室拍拍巴掌，少年侍者又跑了上来，"让人再给我倒一杯塞浦路斯的陈年美酒来，要快。"

一位老侍者战战兢兢地端着一只高脚杯上来了。

"你看他的脸色，莱昂纳多先生，"莫罗的眼睛发出了暗绿色的光亮,"你这个老东西,你就招认了吧。这酒是不是从我侄儿那里送来的?……你的脸色为何这样苍白,你不承认,我就把你吊死在那兔崽子的窗前……"

达·芬奇笑了笑,他平静地走上前去接过侍者手中的酒,又把在莫罗边上放了很久的那杯酒倒在一起,他说:"殿下,这酒有益您的健康。"

"你能证明吗?"

"我用另一只杯子倒出一部分,我把它喝下去,你就知道剩下的酒也同样是无毒的。"

他就这样倒出一部分酒,然后一饮而尽。

老仆人向画家投来感激的目光。

莫罗颓唐地说:"你们,都去吧。"

在米兰,达·芬奇并没有放弃在佛罗伦萨养成的习惯,他总是带上速写本,沿着大街或者广场,画行人有趣的脸蛋和各种表情。有时候他会请人喝上一杯酒,在他们侃侃而谈时捕捉他们瞬间的表情;有时候他会突然把一个可怕的怪物放到什么地方,接着观察人们惊恐的表情,其实那是他用蜡制成的模型;有时他还会向别人展示会动的"地狱里的怪物",但那只是他制作的充了气的鸟的内脏,而他的速写本里却又增添了由于惊恐而变得畸形的脸。

快到年底的时候,切奇利娅夫人向达·芬奇订购她的肖像。这个漂亮女人是路德维柯的情妇,当时官中的艺术家们正用尽

◇萨莱诺
Salai
1480—1524
意大利画家

萨莱诺在十岁时进入达·芬奇家，在1490年至1518年这段时间为达·芬奇的学生。他被认为是达·芬奇画作《施洗者圣约翰》及《巴克斯》中人物的模特。

妒的目光打量着佛罗伦萨来的画家，以为这是莫大的荣幸。

达·芬奇对他的学生萨莱诺说："这完全不是我的心愿，我的孩子。"萨莱诺是一个孤儿，是达·芬奇从街上"捡"来的。"你知道我刚画完鸽子的翅膀结构，我又请人去买鹞鹰，我在画它的解剖平面图。但是，他们却无休无止地叫我去做无聊的事情，什么舞会呀，节日呀，庸俗的肖像呀。孩子，你以后会知道，最大的痛苦，就是心灵和思想的不自由。"

"你是画画的，老师，"萨莱诺天真地问，"你又为什么要去研究那些科学呢？"

"哦，孩子，我越来越觉得，没有数学及其法则，就没有任何的准确性。而准确，正是写实性绘画最重要的东西。"

"那么，老师，你为什么不直接应用科学家们研究出来的法则，而要自己苦苦实验呢？"

"不，科学尚不发达，目前的科学还

跟不上我的需要；而且，孩子，这里不是佛罗伦萨，我在这里很孤独，没有人可以商量并给予我启示，这里没有托斯卡内利老师，一切都得靠自己。这就是米兰与佛罗伦萨的区别，你懂吗？"

萨莱诺天真地眨巴着眼睛："那么，老师，这样你就只能等着草儿慢慢长出来，再去喂你的马了。"

"是的，孩子，Aspetta cavallo che l'erba cresca(意大利语：马儿等着吧，等草长起来)！"

三

切奇利娅美丽的身体斜躺在金丝绒靠枕上，她的那张躺椅被鲜花所包围。女人的手边上趴着一只可爱的小银鼠，那是她的宠物。

"我热切地思考着但丁那两句诗的含义，"她说，她的周围是一群无所事事的先生和夫人，他们正在讨论《神曲》的头两行，"但还是不能说出确切的感受。"

切奇利娅·加莱拉尼属于有教养的女人，她懂拉丁文，懂诗歌和艺术，对哲学也颇感兴趣。这样的女人在那个时代的贵族中并不少见。她常常在宫廷里召集一帮子人，朗诵诗歌，谈论希腊或者拉丁文学，要不就组织音乐会。相好的人们总是围绕在她身边，他们是几位男子和两位亲近的女友。

达·芬奇进去的时候，女人正微笑着，容光焕发。

"哦，欢迎光临，亲爱的先生。"女人说，"大公身体欠佳，不然他今天准在这里。我们不再谈但丁了——可惜先生你没有参加，我们最好听听教堂乐队的指挥、著名乐师弗朗基诺·加佛里奥演奏的中提琴。他的技艺是一流的。"

一个身穿深咖啡色宽边天鹅绒衣服的男子走上来鞠了一躬,他的外貌在达·芬奇的脑子里产生了相貌堂堂的印象。"真的,我倒很想画一画这个人,他具有一种男人的气质。"他想着,就拿出了速写本迅速地记录了这个场景。

"噢,你在画些什么呀?"切奇利娅说。

"我正在画一位美丽的夫人聆听天界的音乐。"画家平静地说,"乐师,如果您愿意,我很想在画完这位夫人的肖像后,能描绘您的尊容。"

莱昂纳多心情舒畅地绘制着大公这位情人的肖像,按照他开始时的构思,有什么美妙的音乐正引她倾听,同时手指漫不经心地抚摸着那只银鼠。是的,那女人和那只银鼠一样,肤色白皙,毛发细腻,他们都具有猫一样的温柔。这幅《抱银鼠的女子》逼真地描绘了大公宠姬的神态,尤其是她那只抚摸银鼠的手,真是栩栩如生般的完美。紧接着,画家又转而描绘加佛里奥,切奇利娅说她需要一幅自己喜欢的乐师的肖像,那绘制的钱就由她出了。对于莱昂纳多来说,他真心喜欢音乐家那张严肃的脸和那一头稠密的栗色头发。他让音乐家依旧穿着那件天鹅绒衣服,那咖啡色的边饰与他的头发和眼睛构成了完美的呼应与协调。

在米兰,人们高兴地谈论着佛罗伦萨的画家,所有的绅士和淑女都以有一幅出自他手笔的肖像为荣。这时,另一位美女,著名的"米兰女士"鲁克雷齐娅·克里维里,看到了《抱银鼠的女子》后,说什么也要达·芬奇为她画一幅肖像。因此,乐师加佛里奥的肖像面部刚完成,达·芬奇就被大公刻不容缓的订货所催逼,他不得不放下手中自己喜爱的工作,转而去宫中赶制鲁克雷齐娅新的订货。

切奇利娅·加莱拉尼沉醉在自己美妙的肖像里,她幻想着自己拥有大量莱昂纳多的作品,使她那间兼作交际场所的闺房蓬荜生辉。而且她特别想有一幅圣母的画像,她在心中暗暗打算着,由她自己,这位米兰的美人儿,大公的宠幸者——来担任圣母的模特。今天我们已经弄不清究竟哪一幅圣母是以她作为模特的。这时期,达·芬奇的著名画像《哺乳圣母》与他的《康乃馨圣母》一样,表现了一种人间的母子亲情:满心喜悦的母亲正哺育容光焕发的儿子,他们的眼睛交流着爱和亲情。人物背后的两扇窗户衬托出圣母玛利亚漂亮的身影。这幅画今天陈列在俄罗斯圣彼得堡的博物馆里,供人们永远地瞻仰。

但是绘画并没有削弱达·芬奇对于科学的浓厚兴趣,大自然的奥秘一直吸引着他。在米兰,他终于找到了科学上的伙伴,他与年轻的、已经成名的帕维雅城医生马康托尼奥·德拉·托列一起研究解剖学。平时,马康托尼奥自己磨制放大镜,而达·芬奇则准确地描绘着肌肉和骨骼。达·芬奇积累了一大堆杰出的解剖图,第一次为科学领域奠定了解剖学的基础。

在米兰大公城堡高高的四方塔上,那里是宫廷星相家阿木

抱银鼠的女子
Lady with an Ermine
达·芬奇，1489—1490
木版油画，54厘米×39厘米
克拉科夫恰尔托雷斯基博物馆

画中的女主人公是米兰公爵路德维柯·斯福尔扎的情妇切奇利娅·加莱拉尼。大师用光线和阴影衬托出切奇利娅优雅的头部和柔美的面容，手中的银鼠也充满活力。据说银鼠是切奇利娅·加莱拉尼最喜欢的动物，银鼠在希腊语中是"galee"，这个词也暗指她的名字。

罗佐·达·罗札杰先生神圣的领地。这位先生试图按照星图的变化，为斯福尔扎家族预言未来的命运，这引起了伟大画家的兴趣。达·芬奇登上高塔的时候，正好遇到了两位斯福尔扎家族的人挤在星相师神秘而狭窄的小楼上，那里摆满了天文仪器，装备这些仪器其实只是星相师豪华的排场。路德维柯阴沉着脸，而吉安·加列阿佐害怕地打着哆嗦。达·芬奇并不知道在他到达之前，星相师宣布了什么样的可怕预言。阿木罗佐并没有理会达·芬奇的到来。他一动不动地眺望天空，仿佛在与神进行着心灵的对话。

"你对占星术怎么看呢？"过了好久，路德维柯问画家。

"如果这里都是真理，阿木罗佐先生可以当大公了。"画家平静而不无幽默地说。

"请你说得更加具体一些，你的话是什么意思？"大公说。

"哈哈，如果这里都是真理，那么人们就可以呼风唤雨，敌人的军队和碉堡

哺乳圣母
Madonna Litta

达·芬奇,约1490年
木版油画转布面油画,42厘米×33厘米
圣彼得堡埃尔米塔日博物馆

画中的哺乳场景可能常见于当时的意大利,即将胸部衣物打开一个缺口以提供乳汁。有些专家认为此画并不是达·芬奇单独完成的,因为此画的背景并不符合达·芬奇的风格。不过达·芬奇必定是其中的一员,至少从圣婴的画法上可以看出达·芬奇的身影。

一下子就会烟消云散,地下的全部宝藏都能打开。那么,阿木罗佐先生还有什么必要到大公殿下这里当一名辛苦的星相师,他本人为什么不直接当大公甚至教皇呢?"画家一边笑着,一边轻松表达自己的意思。

"依你的意思,这占星术……"吉安·加列阿佐说。

"占星术和一切妖术,都是胡说八道。"达·芬奇说,"殿下,请恕我直言,当人们真的掌握了点金术,那时候所有黄金都变得一文不值,那么你们富人还剩下什么呢?"

阿木罗佐先生无比尴尬地站立一旁,他无言以对,一脸惶恐。

"那为什么还有那么多人都在孜孜以求寻找神秘的炼金术呢?这些人不乏极端聪明者,难道他们不知道这只是徒劳?"莫罗问。

"是的,这些人并不是不聪明,他们只是处在思想的迷惑状态,一辈子寻找并不存在的点金术或者不死的长命水。

他们绞尽脑汁,却不懂化合物。但是他们或许并不徒劳,"两位斯福尔扎出神地倾听着画家的高论,"也许他们在点金术的各种试验中会催生一门崭新的科学:化学,物质化合之学。"

"是吗?闻所未闻。"阿木罗佐终于想出了一句反诘的话。

达·芬奇并没有理会他,而是说:"好了,阿木罗佐先生,我该走了,你大概也不欢迎我久留。我现在只想请二位去参观一下我新设计的飞行器,我保证,那不是妖术。"

"好吧,我要去看看这机器。"大公说。

四

路德维柯·莫罗大公没有想到画家的住舍内居然养满了动物。那些小银鼠在地上爬着，不知名的鸟突然扑着翅膀从他们的眼前飞过，停在对面挂着空鸟笼的树枝上。

"哦，你是一个多么热爱自由的人啊，你看，连鸟你都舍不得将其囚禁。但是，你还得牺牲自由去为我效劳，为我忙碌，这是不得已的。好吧，看看你的飞行器吧。"莫罗说。

这是一个奇特的模型。它的翅膀由五个指头状的东西构成，就让我们把它想象成一只手掌吧。五根用皮条和丝线做成的盘骨，通过连杆和细小的结构把五个"指头"联系起来，浆过的塔夫绸密不透气，就像黏合在鹅掌上的蹼，在这神奇的装置中能张开，也能收拢。四个翅膀动起来的时候，就把飞行器举了起来，它的头部有一个装着翼毛的舵，能用它来把握方向。

"唔，如果想真正制造它，那是需要钱的，"莫罗咕哝着，"哪来的钱呢？啊啊，这鬼天气，刚刚还阳光明媚，你看，一会儿就出现了乌云。你知道，在有阳光的日子里，我才会有好

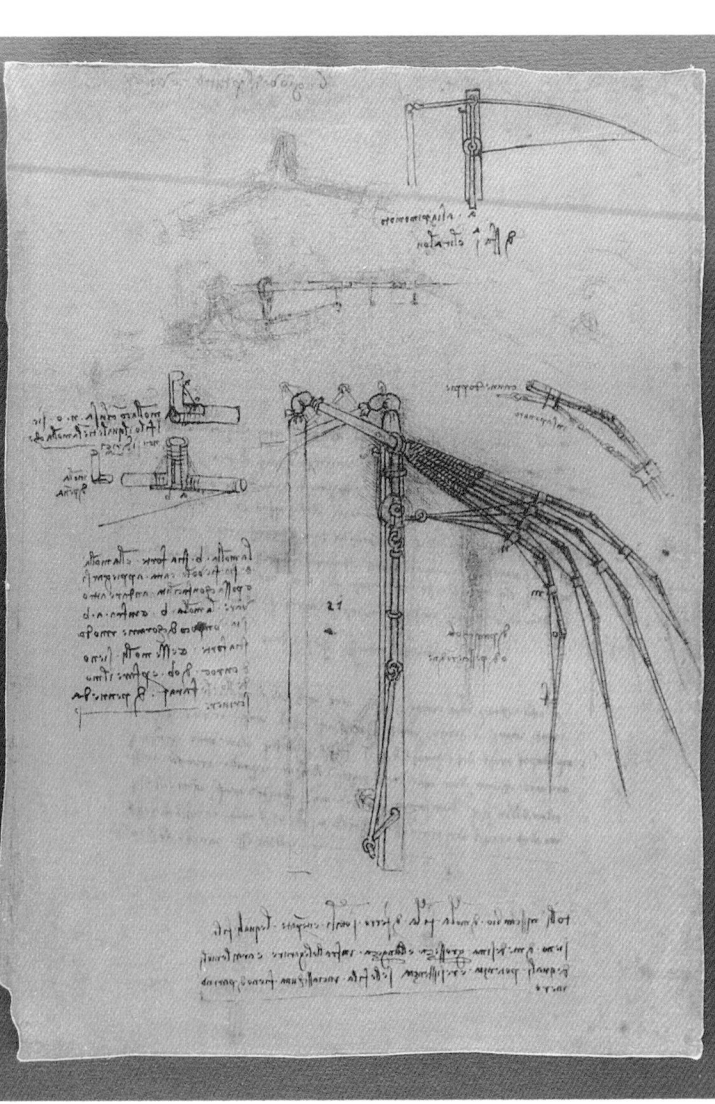

飞行器的设计
Design for a Flying Machine

达·芬奇,约1490年
纸面钢笔和墨水,34.6厘米×25.5厘米
米兰盎博罗削图书馆

达·芬奇不仅是伟大的画家,也是著名的科学家,从这幅飞行器的研究图就能看出他对科学的热爱,机械的精密程度在当时也算首屈一指,为后人实现人类的飞行梦想奠定了基础。

心情。"

"我已经向您建议过了,可以建造向云彩发射爆炸弹的大炮。"达·芬奇说。

"是的是的,你是说起过,我害怕旱灾。"莫罗说。

"运河可以解救旱灾,殿下。"

"好吧,你不是要跟我谈谈运河的事情吗?说吧。"

"殿下,在城市的边上,您已经英明地采纳我的建议,修建了一小段运河,效果已经有所显现,可那还不够。运河是一个完整的水系,它可以构成灌溉系统,殿下,这可是一件大宝贝呀,它可以真正地拯救贫困。可是我对上游城市和下游城市的总体计划被你断然拒绝,而现在,米兰的人口又过分拥挤,人们像羊一样挤在一起,空气已经发臭,瘟疫正在传播。必须建造更多的人工水道,保证城市的给水和排水,并且让一部分人可以乘坐小船回家,缓解阻塞的交通。"

"空想,"莫罗说,"我说你这是空想。

莱昂纳多,你哪来那么多的怪念头?"

"是啊,所有新的、人们能够预见的东西……起先它们都是空想。殿下,难道你就没有看到原先的空想在今天已经变成现实了吗?"达·芬奇一下子推开了画室的窗子。

窗外是鲜花盛开的洛美尼那平原,银色的小溪淙淙流淌,秀美的绿色一直覆盖到远处的阿尔卑斯山麓,这片公国最富饶的土地,就是靠莱昂纳多精心设计的纵横交错的运河系统来实现的。

莫罗打了一个长长的哈欠,他显然已经对画家的奇思怪想厌烦了:

"我必须很不礼貌地打断你的谈话,莱昂纳多。你别再用古怪的念头来烦我了。我没有足够的钱,没有。我的钱要用在别的地方,要用于与贫穷做斗争,要用在国防的巩固和与邻国的友好,这样当我在接待他们大使时,就能在他们由衷的赞扬中获得充分的尊严。难道还有比人的尊严更重要的东西吗?"

"哦,"画家很失望,但还是平静地说,"您能不能再参观一下我的画室?"

"算了,我没有兴趣观看你的学生的拙劣绘画。哦,对了,我的侄儿就要结婚了,婚礼的布置你务必费心,应当有各种各样才智过人的设计,让来宾目瞪口呆。你需要多少钱,我都会无私地帮你实现你的想法。好吧,我该走了。"

"那么,"画家急了,"我悉心研究的那些科学设想,难道……"

"唔，科学，"莫罗边走边说道，"科学是什么呢？我可以告诉你，科学只是我高兴时的玩具。"

莫罗走了。莱昂纳多望着他的背影，回想着他那句精彩绝伦的对"科学"的定义。"精彩，太精彩了。"他咕哝着摇摇头，苦笑了一下。

啊，莫罗，在意大利语中就是"桑木"的意思，这名字真是起得妙不可言。

五

沮丧的莱昂纳多顺路走进了一家街边的小酒店。那酒店外面是一般顾客喝酒的厅堂,而内室则常常聚集着一些老板熟悉的艺术家,就像我们现在常见的雅座。

达·芬奇在厅堂靠内室一边的桌子旁坐下,他要了一杯葡萄酒,想借酒劲来鼓舞自己继续努力的勇气。内室里的谈话声透过薄薄的板壁清楚地传到外厅,他听到里面人们的谈论,还提到了他的名字。

"莱昂纳多·达·芬奇,哦,那个佛罗伦萨人?知道知道,先生。这位杰出的艺术家,优点和缺点并存,天才总是有瑕疵的嘛。他的许多事情,从来就做得有始无终。他的怪念头没完没了,他对自然的研究无所不包,还观察天体的运行……"

有人发出轻蔑的笑声。

"啊啊,静一下。我们不止一次跟米兰那些接近王公们的画家谈到过,大公凭什么对这位佛罗伦萨人特别垂青呢?难道我们米兰都是庸人?啊,光荣的米兰,我真想为她哭泣。我们从各方面都向大公递交了情况报告，说明那个佛罗伦萨人……噢，够了够了，我不胜酒力。"

"听说，圣玛利亚德尔格契修道院又要这个佛罗伦萨人去画什么壁画，他们出了一个古怪的题目，这绝对是真的，叫'最后的晚餐'，我看这一次他又会有头无尾。"

"不，这是让那个佛罗伦萨人吃完最后的晚餐，就让他滚蛋。"一阵放肆的大笑。

"还用得着让他吃完最后的晚餐走吗，这太客气了吧？"

笑声淹没了混杂的说话声。

达·芬奇把杯中的酒一饮而尽，快步走出了小酒店。当他从小店的窗边经过时，偶然瞥见内室的谈话人中，有大公的秘书韦巴托洛梅奥·康柯。

他漫无目的地在米兰的大街上行走着，心里乱极了。他解开上衣的扣子，让清凉的风平息他紊乱的心绪。

哦，米兰，米兰，这是一座气度太小的城市。他不能不想到家乡佛罗伦萨，想到他的老师托斯卡内利说起过，60年前，在佛罗伦萨也有那么一家小酒店，那里也常常聚集着一群学者，他们是佛罗伦萨之花。布鲁尼、尼科罗·尼科利……他们都是一些学问高深的人，他们互相切磋，互相激励，甚至耗尽家财购买图书和仪器，还有执政官柯兹莫·美第奇，他本人也常常到那小酒店里来，倾听学者们的高论，这是一群什么样的搭档呀？莱昂纳多闭起了双眼，他的眼前浮现出那家小店，墙上的

最后的晚餐
The Last Supper
达·芬奇,1495—1498
壁画,460厘米×880厘米
现藏于米兰圣玛利亚德尔格契修道院

为了达到完美的构图,画家将使徒分成四组,在耶稣周围形成波浪状的层次。越靠近耶稣的门徒显得越激动。耶稣坐在正中间,他摊开双手镇定自若,和周围紧张的门徒形成鲜明的对比。

架子上堆满了手稿和古籍,摆放着古典艺术签名册的范本。在一大群喝着酒,谈论着高深莫测的学问的人中,身材魁梧的尼科罗·尼科利,穿着紫袍、轻松愉快的美男子布鲁尼,服装简约的执政官柯兹莫·美第奇,这三个人正引导着学术辩论……

能不忆佛罗伦萨?

确实，达·芬奇收到了圣玛利亚德尔格契修道院的邀请，他们要为年久失修的餐厅换一幅壁画。长老们反复斟酌，最后确定了"最后的晚餐"这一选题。达·芬奇在那里的工作已经接近尾声。

他想，这难道是有头无尾的工作吗？

大公夫人贝亚特丽切在一次疯狂的舞会后病倒了，她跳舞跳到无法控制的地步。她一病不起，许多医生进进出出，但是都无法使她康复。夫人很怕死，她给圣玛利亚德尔格契修道院送去了丰厚的赠礼，请教士们不断地祷告。最后，米兰钟楼拖长的钟声还是宣告了夫人的逝世，城堡塔楼上再一次升起黑色的丧旗。葬礼极其豪华，贝亚特丽切被安葬在斯福尔扎家族的墓地里，那里又被称为圣玛利亚德尔格契修道院公墓。

失去娇小雅丽的夫人后，莫罗汤水不进，除了莱昂纳多，他什么人也不想见。达·芬奇应召来到了莫罗的宫中，他看到大公面无血色地坐在床上干号着："哦，莱昂纳多，只有你才能为她建造一座与她身份和地位相称的陵墓。我请求你，别吝啬材料与金钱，要尽快完成。还有，那壁画……修道院的壁画，那《最后的晚餐》……我要去看看，夫人生前就常常记挂着这幅壁画，我必须亲自去看看……即使现在我这半死不活的样子……"

大公吩咐侍者为自己穿了衣服，然后只身一人和达·芬奇走向圣玛利亚德尔格契修道院。

他们无声无息地来到修道院的斋堂，迎面遇到的僧侣们没有一个认出被斗篷掩盖着的大公。正门对面用亚麻布遮盖起来的墙上，就是那幅刚刚完稿的壁画《最后的晚餐》，画家揭去了壁画的盖布。

莫罗惊呆了，他瞪着双眼，一直怔怔地望着前方的画面。他的面前是餐厅的桌子，他仿佛感到那面画家画过的墙正是餐厅的自然延伸，耶稣和他的十二门徒在桌子的那边吃着最后的晚餐。

根据《圣经·新约》里的描述，莱昂纳多选择了那次著名的晚餐中最令人激动的一瞬间。当时耶稣对他的门徒说："在你们当中，有一个人将我出卖了。"

达·芬奇抓住了那激动人心的时刻，他想表达出在听到那句可怕的宣告时，在场的十二门徒的灵魂所掀起的巨大波澜。他要画出这十三个性格各异的人在这惊心动魄的一瞬间所坦露出的各不相同的人性。

莫罗在那画面上看到了耶稣平静地说出的那句话，犹如一石激起千层浪，在小小的餐厅里掀起轩然大波。这波澜发自每个人的内心，而这一刹那，餐厅里却出奇的安静。耶稣左手边有三个门徒：年轻的腓力突然从座位上站了起来，带着巨大的困惑转向耶稣；成熟的雅格抑制住愤怒向后挪了挪身子，他无可奈何地摊开了手；多马急于要弄清事情的真相，他举起了一只手，像要发出什么质问。而在另一边，耶稣的右手边，犹大下意识地抓住了手中的钱袋,那里面有他卖身投靠的酬金,他在那一瞬惊慌不安地看着耶稣,带着阴暗、丑陋、粗俗的侧影;一道明亮的光却照射着约翰坦荡而美丽的脸庞,在耶稣宣布这一消息后,他竟一下子手足无措,无奈地把头侧向彼得,希望听到彼得的启示;彼得从约翰和犹大之间探出头来,他向约翰弯下身子去,把左手放在他的肩上,在他的耳边悄悄地说着什么,而他的右手已经毅然握住了佩剑,想保卫自己的师长。这三人的右边又是由三个门徒组成的一组人物,他们不约而同地把头转向耶稣,表现出对师长命运的极其不安和关注,他们询问耶稣,到底谁是变节者?而桌子另一端的三个人,马太把双手伸向耶稣的方向,愤怒中又扭头转向年事已高的西门,他想从年长者那里得到可靠的答复,然而西门只做了一个困惑的手势,他也苦于不明真相。

　　莫罗无法不为之惊讶。尽管他不是一个鉴赏家,他做不到像洛伦佐·德·美第奇那样能够评估壁画的真正意义,并理解《圣经》故事为什么会变成如此丰富多彩的生活场面,但他还是被这画面的恢宏与真实震惊了。

　　"不可思议,太不可思议了。"莫罗说,"哦,现在我总算明白了,为什么你要在那墙壁上花那么多时间,以致院长和修士们一直在那里喋喋不休地埋怨呢。"

　　"可他们对现在的这幅画还是不会满意的。"达·芬奇说。

　　"那是当然的。他们恐怕想不到你会这样来画耶稣,啊啊,是不是?"

"他们需要的耶稣只是一个躯壳,虚无的灵魂,额头上已经有钉上十字架的痛苦先兆。"

"是的,而你却把他画成一个慈祥和善的老人,对院长来说,这就太不够味道了。"莫罗说。

"其实我很长时间把耶稣的头像位置空在那里,只在十二门徒身上下功夫,难道他们没有给你留下深刻的印象吗?我说的是十二门徒。"

大公仔细地看着那十二门徒,他忽然笑了起来。

"哈哈,犹大。"莫罗非常开心,"那个犹大简直就和修道院的院长一模一样。有意思,他不断地干扰你的工作,给你找麻烦,你就这样报复他?是的,贪婪的他把那钱袋抓得多紧呀,舍不得把钱花在可怜的孩子们身上,这我早有耳闻了。好,好。"

院长悻悻地过来了。

"殿下,您以为这幅画画得如何?"

"好,太好了。就这样,这是杰作,一笔也不能再改了。"

"是的,是杰作。"院长附和着。

六

《最后的晚餐》使达·芬奇的名望达到了顶峰，但这对他拮据的生活丝毫无补。画家费了很大的力气才勉强维持自己和学生们的生活。路德维柯·莫罗为了忘却妻子亡故后的悲痛，挥金如土，入不敷出。他增加税收，加紧征敛，公国臣民的饥馑和贫困也日益加重。大公自顾不暇，无法再给艺术家进一步的保障。

贫困中的达·芬奇在万般无奈之下，下了很大的决心给大公写了一封信：

> 君主，我以艺术为您服务，我不想放弃我的艺术……不管因为艺术而使我穿什么样的衣服，挣多少钱，这些，我都不在乎……我只是想提醒君主，在塑造骑马塑像的时候，有两位师傅是必须付给工资的，他们也和我一样，已经两年没有领到您的薪水了……我不愿我的艺术被弃置，我将把它们留给

后辈……

他的信写得吞吞吐吐,羞于启齿。这等于在乞求怜悯,这是画家最不愿意做的事情,然而现实情况是,他得活下去,养活他的学生和助手。莱昂纳多不得已,只好派学生去兜售那些在修道院里很容易就能画好的画,以此聊补无米之炊。

1499年,大公的秘书韦巴托洛梅奥·康柯终于带来了大公的回信,康柯郑重其事地向画家深深鞠了一躬,然后递上盖有宫廷图签的信笺。

"祝贺你得到大公伟大、慷慨的赏赐,莱昂纳多先生。"他说。

这是一封附有赠予证明书的信件,漂亮的文字显然出自康柯之手。

> 我,路德维柯·莫罗·斯福尔扎,米兰的大公,十分信任杰出的画家,佛罗伦萨人莱昂纳多·达·芬奇的天才,不管是根据我们伟大公国的看法,还是按照学识更为渊博的人们的意见,我们都认为他绝对不亚于我们以前所接纳过的任何一位画家的才能。按照我的诏令,画家制作了一系列杰出的作品,足以证实他那杰出的无与伦比的艺术技能。如果不给予任何馈赠,这将有违于我们仁慈的天性。

接下去的条款是：

十六别列克土地外加一个坐落在维切里门附近的、以圣维克多教堂命名的近郊葡萄园。谨赐。

莫罗显然觉得只送来馈赠而不支付工资，这办法实在有些说不过去，于是他又派金库主任送来了拖欠两年的工资。这时候，米兰正承受着法军的围攻，大公也清楚地知道，厚待一位著名艺术家，也许会让他获得最好的名声，从而使他本人的凝聚力得以加强。至于大公为父亲制作的青铜塑像，这里面只字未提。广场上的黏土塑稿在日复一日的日晒雨淋中开裂剥落，艺术在无情的时间中消逝着。

米兰在达·芬奇的心中产生了一种江河日下的感觉。

夏天来临之时，就在莱昂纳多收到馈赠后不久，法国国王路易十二的军队入侵了伦巴第，这些外国军队是由莫罗的死敌、被流放的特里乌里佐引进来的，目的十分明确，他们要推翻路德维柯·莫罗的统治。

事件的发展十分迅速。9月2日，莱昂纳多最后一次在街上看到莫罗，他没有带任何随从，只身前往贝亚特丽切的墓地。第二天消息就传开了，莫罗逃亡到了吉罗利，然后去了皇帝马克西米利安那里。三个星期后，法国人统治了米兰，城防司令和特里乌里佐串通一气，把城堡出卖给了法军。米兰的大门打

跃起的马匹和勇士

达·芬奇,16世纪
青铜,高24厘米
布达佩斯美术博物馆

跃起的马匹和背上的勇士分别面向不同的方向,让整个画面充满动感又保持稳定,马匹和勇士强健的肌肉相互辉映,呈现出健康积极的状态。

开了,城里原先的反对派欣喜若狂,他们高呼口号:

"打倒莫罗,打倒吉安·加列阿佐,废除苛捐杂税。我们的解放者法国人万岁!"

胜利者在城里为所欲为,他们采取了所有可以想得出的暴行。广场上到处躺着被法军杀死的平民尸体,焚烧的民房冒着浓浓的黑烟,流氓成群结队地在城里四处抢劫施虐,法国人在那些大大小小的酒馆里称王称霸。

苍白的太阳,惨淡地照耀着毫无生气的米兰。

达·芬奇站在广场的边上,他看到一群法国士兵正不怕腰疼地努力捣毁着他用黏土做的骑马塑像,他默默无言,如一个冷眼旁观的陌生人。一只手按住了他的肩膀,他冷漠地回过头去,看到了自己的学生萨莱诺苍白的脸。

"怎么啦,我的朋友?"达·芬奇问。

"这……"萨莱诺双眼直勾勾地看着正在毁坏的塑像。

"我都看到了，全看到了……可是有什么办法呢？"

"老师，我真不明白，你居然无动于衷。"

"不，孩子，毁坏艺术的人，最后必遭历史的惩罚。"

"但是艺术已经毁坏了。"

"在暴力面前，难道还有什么好的办法？"

"我真想扑上去，去争辩，去厮打……"

"哦，那不行，法国的弩手不把你当成新的靶子？孩子，难道你没有发现，对于无法避免的事情，沉默是最好的武器？"

征服者路易十二来到了米兰，他指名道姓地要画家前去，告诉他要把那幅《最后的晚餐》连同墙壁一起拆到法国去。那真是令人啼笑皆非的主意。画家花费了无数口舌才算让他相信一旦拆了那堵墙，就再也无法把画拼装起来的道理。达·芬奇在唇焦口干的时候回头一看，法国国王身后正拥簇着一大批米兰昔日的王公、威尼斯和热那亚显赫的大使，以及教皇亚历山大六世的儿子、占领军的参战友军司令切萨雷·波吉亚。正是切萨雷这个恶棍，纠集了当时欧洲各地的流亡罪犯、亡命之徒和地痞流氓，组成了他的恐怖大军，然后受雇任何一个肯出钱的战争狂人，他们本身就以此谋生。

征服者的暴力和残忍胜过了大公早先的压迫和苛政，人们开始回忆大公以往的种种"善良"，越来越多的人喊出了"打倒法国人，我们法定的伟大君主路德维柯·莫罗万岁"的口号。达·芬奇在这混乱的日子里看够了人性中的各种怪异和反复无常,但他,一个画家,除了沉默还能做什么?于是,米兰重新流血,反抗法国暴行的米兰人无情地向征服者发起攻击,把法国人赶到了碉堡里龟缩起来。这时候,路德维柯·莫罗在国外集结了军队,他向米兰推进了。然而好景不长,两个月后,他被一个瑞典人出卖了,成了法军和亡命之徒切萨雷·波吉亚的阶下囚。

大公被绑住了手脚,像野兽一样被装进笼子拉到了米兰的大街上,他最后要被送往法国的监牢里终身监禁。达·芬奇赶到街上与自己无力的庇护人做最后一次告别。这时候,他惊讶地看到,两个士兵抬着一乘轻巧的小轿正从大公的囚笼边上经过,那轿子里躺着一位华美的太太。从撩起的门缝中,达·芬奇看到一只太熟悉不过的手,那只裸露的纤美的手,以及一绺金发和一个漂亮的脸蛋。哦,切奇利娅·加莱拉尼,大公从前的情人。

美人从轿子里探出头来,对着笼子叫道:"哦,没有王冠的大公,你看见没有,切奇利娅活得多好,多开心,可是此刻,贝亚特丽切已经在坟墓中腐朽了。哈哈,我知道,我的朋友切萨雷·波吉亚公爵会拿你怎么办的……"

女人丢下了一路的浪笑。

达·芬奇想:我必须离开这里,这令人忧伤的米兰。

第 四 章
1483—1502

天才少年

一个聪明的人,

知道如何提出正确的问题,

并且仔细地聆听,

慎重地答复。

当无话可说时,

就立刻闭上嘴巴,

不再东拉西扯。

——拉斐尔

一

有时候,历史会在某些特殊的年份,安排一些特殊的事情。1482年,当莱昂纳多·达·芬奇离开佛罗伦萨前往米兰时,米开朗琪罗·波纳罗蒂正好搬迁到佛罗伦萨,而在下一年,在并不遥远的乌尔比诺,又有一个人物诞生了,这就是我们这本传记的第三个主角——拉斐尔·桑蒂。他在那一年的4月6日出生于当地格维多巴多公爵的府邸中,但他并不是公爵的后裔,而是公爵的御用画师、四十岁的乔凡尼·桑蒂的第一个孩子。

乔凡尼·桑蒂先生在公爵的府上不仅仅是一位画家,他实际上又是公爵的宫廷艺术官,除了为公爵提供丰富的精神生活外,还为他搜集各种出类拔萃的艺术品。桑蒂先生十分敬业,他恰如其分地估计了自己的才能,并不把自己看作一位大艺术家。他知道凭自己的经验,还可以成为某些艺术青年合格的导师,因此在工作之余,又带了几名学生,就在家中的画室开办了一个绘画班。

拉斐尔童年的家庭在乌尔比诺当地人看来算是幸福的。他

自画像
Self-portrait
拉斐尔,1499年
粉笔,38厘米×26厘米
牛津阿什莫林博物馆

这幅自画像是拉斐尔少年时期的作品,简单的素描表现出画家高超的技艺与俊秀的面容,让人一窥这位文艺复兴大师少年时期的才华。

的母亲玛扎·桑蒂是本城一家殷实商人的女儿,这位夫人温柔美丽,深得邻里的口碑。拉斐尔身上保留了母亲的许多特点,或者说,他童年时代的形象简直就是母亲的翻版,这使他从小就像一个姑娘,以至于公爵的儿媳妇在自己的婚礼上第一次看到六岁的拉斐尔时,竟失声叫道:"圣母啊,我从来没有见到过这么漂亮的小男孩。"

没有确切的说法能证明拉斐尔正式开始学习绘画的日子,就连他本人都说不清楚。反正他从小就泡在父亲的画室里,学着大孩子们的样子信手在纸上涂鸦。他居然有很好的形象感觉,桑蒂先生曾经想:"这孩子将来可以接替我的工作。"八岁那年,父亲正式叫小拉斐尔跟着他到圣弗朗西斯科修道院去,父亲在那里承接了绘制壁画的生意,他让儿子做助手。以前研磨颜料或者递送工具的工作由他的学生来干,这被看成从学生走向画师的第一步。这个乖孩子马上就喜欢上了这个角色。他对教堂里半明半暗的五彩玻璃和充满石蜡、乳香气味的混浊空气十分适应。他喜欢在神灯微弱光线的照耀下，那一闪一闪的圣弗朗西斯科的古老神像，也喜欢那些穿着长袍的教士，他们迈着那么轻快的步子，在他的身边走来走去。因此他对父亲的工作十分向往。这个从小就十分喜爱清洁的孩子，有一次竟然故意让自己的手指染上颜色，以夸耀他的绘画生涯的开始。

那时候，卢卡·西诺莱利到乌尔比诺作短暂逗留，他正在编写一本关于当代艺术的评论，于是来到了父子俩正在工作的壁画前。

小拉斐尔说："爸爸，你把圣母的颜色调深了以后，那感觉显然好多了，我想这位先生也会这么看的。"

八岁孩子一本正经的评论让两位画家笑了起来。

"喂，拉斐尔，你长大以后能干什么呢？"卢卡先生问。

"凡是需要的，我都会把它想象出来，先生。"

"啊，真棒，拉斐尔。这回答简洁明了，这真是哲学家和大师般的讨论。"

拉斐尔一本正经地说："我会当哲学家，也会当大师的。"

这话把两个大人逗乐了。

"好了，孩子，今天的工作结束了，把画笔和颜料收起来吧。"

小拉斐尔顺从地把那些装颜料和石灰乳浆的小钵，按父亲规定的顺序一一放入篮子里，然后把画笔洗干净，整整齐齐地放到篮子的一边。这表现,一看就让人知道他是个好孩子。

玛扎夫人总是在门口等候儿子回来。家里的女仆伊冬尼亚也常常会做些他爱吃的芹菜馅小饺子,当小拉斐尔到家的时候,小饺子正好蒸得热乎乎的。早春时节,花园里的嫩树叶刚刚变红,放学后的小拉斐尔就会在花园里奔跑着,他在沟渠上跳来跳去,嘴里哼着不知所云的歌曲。他忽然想到一个主意,他要画一幅肖像,把母亲和伊冬尼亚画在一起。

没过多久,某天放学的时候,妈妈却没有再等在门口。家里的房门和百叶窗都紧闭着,花园里不同寻常的气氛使他吃惊。忽然,伊冬尼亚打开了门,她用一双哭肿了的眼睛望着拉斐尔。

她说:"别到那里去,可怜的小少爷。"

这时候他看到了脸色苍白的父亲。乔凡尼·桑蒂正站在画室的门口,浑身颤抖着。他忽然无力地坐到了门边的石墩子上,用双手蒙住了脸。

"爸爸!"拉斐尔一下扑了上去,"爸爸你怎么啦?"

"你妈妈去世了,拉斐尔……她为你留下了一个小妹妹。"

再以后的事情,拉斐尔就记不清了。他好像看到母亲躺在床上,盖着白布,她的脸已经被白色的被单蒙上了。床边放着那只拉斐尔出生时购置的雕花摇篮,让人联想到这里曾经有个哭闹着的小宝贝。玛扎·桑蒂慈爱的一生结束了,留下的那个有着红红的、皱巴巴皮肤的小东西,与拉斐尔一起,成了无娘的孤儿。

"那个小东西,我的妹妹,她以后又该怎么办呢?"他想。

也许正是从那一刻起,拉斐尔忽然对于母爱和母子亲情产生了刻骨铭心的体验,这也成为他日后绘画中最深情的主题。

二

父亲为拉斐尔娶了一个后妈,她是同街的珠宝商的女儿,叫别娜吉娜·吉·巴捷。新妈妈来到家里以后,原先的幸福家庭从此就失去了和谐。拉斐尔忍住悲痛,以他特有的温顺和礼貌迎接后母。她住进了妈妈的房间,伊冬尼亚把储藏室的钥匙交给了新来的女主人。伊冬尼亚出来的时候,就有邻居问她,新的女主人怎样,她痛苦地摇摇头。

邻居安慰她说:"你总还得和她过下去的,忍着点吧。"

伊冬尼亚说:"我反正也活不了多久,谁也代替不了天堂里的女主人。可怜的小主人还需要照顾,我只得再待一段时间。"

对于天堂的模样,其实她也不知道。

伊冬尼亚的感觉没错,后母没能代替拉斐尔的亲娘。自从进门以后,别娜吉娜就对拉斐尔十分冷淡,她这种态度最终维持了一生。

和儿子在一起的时候,桑蒂先生才感到有了生气。他们在圣方济各教派的修道院绘画,父子俩一起回忆起玛扎在世的日子，父亲伤感地说：

"拉斐尔，我死后，就把我和你妈妈埋在一起……"

几年过去了，桑蒂先生越来越衰老。他知道，自己的日子屈指可数，他一直为拉斐尔担忧。他说："孩子，万一不行，你就去找爸爸的那些老朋友，他们都是乐于施以援手的人。"

乔凡尼·桑蒂先生在剧痛中离开了人世。按照他生前的遗愿，他被埋在圣方济各教堂里的玛扎的身边。十一岁的拉斐尔完全成了一个孤儿。他名义上的保护人是父亲的教弟巴多罗明奥教士，拉斐尔称他为叔叔。

别娜吉娜在桑蒂先生去世后，就把她挑剔而饶舌的姐妹接了过来，这样，家里就更加混乱了。别娜吉娜一心沉浸于照顾自己的亲生女儿，把拉斐尔完全忘在一边。倔强而暴躁的别娜吉娜总是为了她姐妹的事与伊冬尼亚争吵，老仆一边流着泪，一边说："为了不让那妖妇任意支配可怜的夫人交给我的孩子，我还得忍耐着，再忍耐着。"而后妈则冲着拉斐尔嚷着："你看吧，拉斐尔，家里出了什么事啦！就因为我是个弱女子，你叔叔要来骗我，老妈子也要欺侮我，这叫什么世道呀。"

十一岁的拉斐尔反倒成了和事佬："都忍着点儿，能过就过吧，只要日子还能过下去。"他想到的是妹妹还小，才三岁，不能没有人照料。

终于在某一天爆发了。拉斐尔至死都不清楚那是怎么引起的，他只知道他的两位保护人大声地嚷着，而别娜吉娜的嗓门更大。那个珠宝商的女儿当街站着，双手叉着腰，一副披头散发的样子。拉斐尔一见到吵架就心里哆嗦，他正想偷偷溜出去，却被后妈一把抓住了：

"听着，拉斐尔，你不能走，事情都是由你引起的，我今天就要戳穿这个狡猾的教士的诡计。"

巴多罗明奥叔叔说："拉斐尔，别听那妖婆胡说八道，她要把你父亲留给你的遗产都霸占去。"

后妈挥起拳头，向叔叔扑了上去。

"你这个修道院里的老鼠，你给我从这里滚出去。拉斐尔，你问问他，这个礼拜的钱是怎样开销的！"

拉斐尔望着为了他而要相互清算的人们，感到既愤怒又害羞。

"你们别吵了……叔叔……妈妈……看在上帝的面上，你们别吵了……你们说的我都听不懂，我不知道开销，我年纪还小呢。"

他几乎是在哀求着，他无法制止这场天翻地覆的吵闹。小拉斐尔背起画箱，跑到舅舅西蒙涅·吉·巴蒂斯塔那里。西蒙涅代替死去的妹妹，承担着照看拉斐尔的任务。

舅舅说："拉斐尔，别那么垂头丧气的，要有点男子汉的气魄。啊，你的容貌就跟我妹妹一模一样。一切都会过去的，忍耐着点,不要分散自己的精力,要努力去达到目标。"

舅舅亲切的话语,使拉斐尔平静了许多。他想,他应该尽快地自立,舅舅说得对,要努力去达到自己的目标。

那一天拉斐尔在舅舅家,忽然听到一阵敲门声,一位不相识的年轻先生走了进来,他环视屋子的时候,目光和蔼亲切,又略带沉思。

舅舅高兴得跳了起来:"啊呀,真是你呀,蒂莫特奥?让我好好看看你,你是从波隆那回来的吧?拉斐尔,我不是跟你说过吗,别垂头丧气,美好的日子向你走来了。蒂莫特奥,这就是拉斐尔,玛扎和乔凡尼·桑蒂的儿子。"

客人亲切地拍拍拉斐尔的肩膀,"是啊,关于他,我全知道了。我要在这里待好长一段日子,以便为我尊敬的已故老师桑蒂先生做一点好事。"

年轻的艺术家蒂莫特奥·德拉·维提大约二十岁光景,他曾经受业于桑蒂先生,后来到波隆那深造,并留在那里工作。他在波隆那创作了大量美好的作品,画面明亮,色彩和谐。现在,轮到他来教他恩师的孩子了,当年乌尔比诺简朴画室里的桑蒂先生就是他的启蒙者。

蒂莫特奥说:"我知道了拉斐尔毫无条理的生活,但是作为乔凡尼的儿子,他是不会丧气的,对不对,拉斐尔?就像那些从小就意识到自己伟大使命的艺术家那样,你应该超脱那些日常琐事的干扰,坚信自己未来的成就,这样,我们才可能帮助你。"

拉斐尔一生都忘不了他与蒂莫特奥见面的那一天。

十五岁的拉斐尔在年轻的波隆那画家的画室里,勤奋地探索着自己心爱的艺术。他羞涩地将自己多少有些独创意味的画作,与画家蒂莫特奥的作品放在一起。西蒙涅舅舅经常来这里,他看到外甥信心十足的样子感到十分高兴。拉斐尔常常在老师那里一待就待到傍晚,有时候他们也一边散步一边探讨一些更为深奥的艺术问题。当舅舅提着灯笼来接他时,老师就彬彬有礼地把他们送到门口,然后与拉斐尔吻别。舅甥俩沿着乌尔比诺阴暗的街道边走边聊,直到桑蒂家的门口。老伊冬尼亚灵敏的耳朵早就听到小主人的声音,于是那道门就会奇迹般地恰好打开。

"悄悄地到自己的房间里去吧,小心肝,没把你饿坏吧,我给你留着饭呢。"

尽管后妈说,他已经是个大人了,该给家里挣钱了,可在伊冬尼亚的眼里,他依旧是个"小心肝"。后妈显得越来越焦躁,她认为拉斐尔不该再这样跟着画家学来学去,这没什么太大意思,不如随便跟一个画匠去当助手,难道这一类画店还少吗?

拉斐尔十七岁了。蒂莫特奥对西蒙涅舅舅说:"看来我能教他的也就这些了,这孩子的天分只能使我望其项背。找一个更相称的著名画家来教他吧,他会有大出息的。你看他的手是那样的有力,他的心是那样的灵巧。许多事情,只要老师一提起,他就立刻明白了,他的心灵能够捕捉到美和艺术的真谛。"

他们最后为拉斐尔挑选了一位著名画家,他住在佩鲁贾。

三

画家彼得罗·佩鲁吉诺是土生土长的翁布里亚首府佩鲁贾人,是翁布里亚画派的领头人,他的画风秀美恬静。他有许多学生,与他一起完成源源不断的订单。这时候,他刚好接到卡比奥银行家行会董事会大厅壁画的绘制任务,身边正缺少人手。当蒂莫特奥把来自乌尔比诺的画家乔凡尼·桑蒂的儿子介绍给他时,他非常高兴。

佩鲁贾在意大利中部亚平宁山脉的怀抱之中,虽然距乌尔比诺只有一百多公里,但风光却截然不同。乌尔比诺濒临亚得里亚海,是个海滨城市,而这里却是一座山城。拉斐尔来到佩鲁贾后,才知道原来各地都有各地的景致和特色。这里不但风景如画,而且人们的地方观念也很强,他们相互认识,相互交流,思想也显得十分活跃。

一到佩鲁贾,拉斐尔就兴致勃勃地爬到了山上,他向下俯瞰着被山峦和橄榄树包围着的城市,这里的房屋里里外外都画上了壁画,城堡、教堂和修道院分布在三个小丘的斜坡上。最有意思的是,这里的街道一会儿直上山冈,一会儿又顺着斜坡蜿蜒下行。斜坡上到处是葡萄园和花圃,房屋的墙头和窗台上都种满了盛开着的美丽蔷薇。中心广场旁边是壮观的议会大厦,那座狭长的哥特式建筑的窗户和门楣上,到处装饰着漂亮的大理石浮雕。和议会大厦并列高耸的是银行家行会董事会的高大建筑,那里就是佩鲁吉诺要去绘制壁画的地方。

就在这时,佩鲁贾发生了一件意想不到的事情。

简单地说,拉斐尔来到这里后不久(1500年),这座山城里的几个大家族发生了火并。先是巴廖尼家族排挤另一个大家族,接下来是巴廖尼家族发生了内乱,目的是争夺这座城市的执政官职位。巴廖尼的两个侄子格里冯涅托和巴齐阿里,共同起来反对他们的叔叔罗多尔福,罗多尔福的儿子西蒙涅托发现有人正阴谋策划对他的全家发起突然攻击,便要求父亲处死他们,但遭到了拒绝。巴齐阿里为了煽动格里冯涅托的荣誉感,先诽谤说他的妻子兹诺维亚与西蒙涅托的一个族弟"私通",惹得格里冯涅托大光其火,两人便约定一起对付西蒙涅托。巴齐阿里还许下诺言,一旦事成,就让格里冯涅托担任城市的执政官。攻击被秘密安排在家族的某一次盛大婚礼中,趁着大家酩酊大醉,正好下手。这件事情在地方史上被称为"血腥的加冕礼"。7月15日,当盛大的婚礼进行到高潮时,阴谋者团伙冲了进来,新郎当即倒在血泊中,接着,西蒙涅托也倒在罪恶的刀剑下。最后的结果并没有使阴谋者如愿,然而血腥的格斗

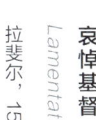

拉斐尔目睹了巴廖尼家族的惨剧,阿塔兰塔这位坚强的母亲形象也深深镌刻在了画家心中。他为这个打动他心灵的事件构思了绘画,以表达对亲情的重视。

哀悼基督
Lamentation
拉斐尔,1505—1506
钢笔和黑粉笔,33.4厘米×39.7厘米
巴黎卢浮宫博物馆

却使这座城市蒙上了一层浓重的阴影。

事情还没有发生时,格里冯涅托的母亲阿塔兰塔偶然得到信息,说儿子正在参与一场阴谋。于是她再三劝说儿子不要凌辱自己无辜的妻子,她劝格里冯涅托不要疑神疑鬼,也哀求他不要在家族内部制造纷争,但是格里冯涅托听不进母亲的忠告。于是母亲便诅咒儿子,并悄悄带上受到诽谤的儿媳兹诺维亚出了城,隐藏到自家的另一座城堡里。一场血腥的屠杀过后,有人告诉她,她的儿子格里冯涅托也被击伤,快要死了,这位深明大义的母亲带着儿媳返回了佩鲁贾。

拉斐尔看到这位坚强的女性站在庙宇的台阶前,她曾在这里为儿子格里冯涅托举行过洗礼,人们也看到过她的儿子在这里被戴上胜利者的桂冠。然而现在,她的儿子就要死在这里了。格里冯涅托痛苦地躺在台阶上,脸上带着死亡的阴影,他满身是血,艰难地喘息着,直勾勾的两眼无助地仰望着苍天。母亲走了上去,跪了下来,跪在儿子的身旁,她说:

"格里冯涅托,你听到我在说话吗?你只能得到这样的结局,我诅咒过你。现在你就要离我们而去了,我请求你原谅那些狂怒反击你的人……我要告诉你的是,兹诺维亚也在这里,她是清白无辜的,这个就像我女儿一样的儿媳,她也请你原谅她……格里冯涅托,你听到了没有,你只能是这个下场,一切阴谋者的下场都是这样。"

格里冯涅托像是听见了,他的眼皮抖动着,可是连微弱的声音也发不出来……他的身体僵直了，脸上失去了最后的血色……

人们恭恭敬敬地为阿塔兰塔让开了一条路，他们向这位伟大母亲表示由衷的敬意。

格里冯涅托的死对于拉斐尔产生了太深刻的印象。使他的心灵产生巨大颤动的不是格里冯涅托，而是俯身在这张模糊脸庞边上的美丽女性的身影，这不正是母性悲哀的化身吗，不正是母爱伟大力量的象征吗？

对于在乌尔比诺平静度过少年时期的拉斐尔来说，正赶上的这一切对他的心灵产生了极其强烈的震撼，他目睹了这一血腥事件的全部过程，对于人性的善恶有了更为深刻的体验，他从惊恐中清醒后，却对亲情的温馨和母性的慈爱产生了更为强烈的热切向往。他感觉到了自己的艺术使命，这使命仿佛在冥冥中早已经注定，他开始朝着这一个目标坚定地走下去。

在动乱安定后，拉斐尔的新生活开始了。这时候，他的老师佩鲁吉诺正处在事业的顶峰：他的"佩鲁吉诺"学校培养出来的学生不计其数，名声在当时已经达到了与伟大的莱昂纳多·达·芬奇相提并论的程度；他完成了空气透视理论，找到了许多以前尚未发现的制造颜料和调配色彩的新方法。更重要的是，佩鲁吉诺力图在自己的作品中表达一种特别的审美情趣和风格，一种特别纯洁、特别温柔的色调，他想通过作品来反映他对纯洁的心灵境界的追求。这也是他代表的翁布里亚画派的艺术特色。

拉斐尔现在成天忙于老师布置给他的任务。佩鲁吉诺已经看出这个学生具有很高的天赋，而且他所受的启蒙教育起点很高。由于得到了高水平艺术家的训练，他已经掌握了许多东西。于是他就让拉斐尔这个新学生直接参与银行家行会董事会大厅壁画的绘制。

拉斐尔按照老师的要求画天花板的顶画，这是一个由六块呈椭圆弯曲的三角形和一块长方形组合成的天花板，天花板的中心要求画上艺术之神阿波罗，周围则是古代诸神的画像。在这里，有坐在战车上带着神鹰的丘比特，有战神马尔斯，有快速飞翔着的众神信使赫耳墨斯，有被翱翔的鸽子托举着的维纳斯，以及各种各样神话传说中的人物。

拉斐尔在此正好用上了他善于以丰富的想象来绘画人物的特长。他兴致勃勃地工作着，老师在一旁随时给予指导。佩鲁吉诺是一位善于对学生谆谆诱导的教师，这使拉斐尔在绘画时得到了极大的愉悦感，这种边绘画边享受的愉快心情伴随了他的一生。他常常思念乌尔比诺的亲人，西蒙涅舅舅、蒂莫特奥老师和爱他的伊冬尼亚，这位忠实的老仆人在拉斐尔离家后也住到了她的弟弟，一个并不富有的厨师那里去了。他想，这辈子还能见到她吗？休息的时候，他就在城里和风景如画的郊外漫步，他在佩鲁贾的街道上观察并欣赏前人创造的美丽建筑和园林，在郊外则享受着大自然的美丽。他也会去拜访农家和修

◇ **彼得罗·佩鲁吉诺**
Pietro Perugino
约1445—1523
意大利画家

佩鲁吉诺擅长画柔软的彩色风景、人物和脸。他曾在委罗基奥的门下学习，同班同学有达·芬奇，后又与波提切利一起共事，并培养了年轻的拉斐尔。

道院，为未来的创作积累素材。他反复用速写记录下自己的观察。拉斐尔每次经过格里冯涅托死去的地方时，当年摊开双手无助地躺着的儿子和悲伤而庄严的母亲形象，总是那么清晰地映现在他的脑海里，他仿佛又看到了黑色的丧旗低垂在格里冯涅托宫殿的旗杆上。这座宫室从此窗户紧闭，再也无人居住，死者全家搬到了郊外的城堡，过着离群索居的生活。

哦，这里面有一种难以言喻的存在，拉斐尔一直想捕捉它。

四

佩鲁吉诺画室不断地收到新的订货,每一个意大利的城市都为能拥有这位著名画家的作品,尤其是他们特别推崇的信徒的画像而感到骄傲。还有那些公共建筑和富有的宫殿,他们需要描绘城市或家族先辈们的功勋,用巨大的壁画来装饰墙壁。

拉斐尔和佩鲁吉诺师生之间很快就建立了非同一般的友谊,这友谊具有兄弟般的纯朴。佩鲁吉诺想,还能找到另一种方式来对待这位宁静沉着、值得信任的年轻人吗?他的外貌和内在的气质都是那样的迷人:修长的身材和轻盈的体态,栗色卷发,少女般美丽的面容,甜美的嗓音和潇洒的风度,甚至他朴素的穿着,处处让画室的其他同学产生爱慕之意。

与拉斐尔最投缘的是他的同学艾乌泽比奥·圣·佐尔卓达。这是一个沉默寡言的本地人,对待绘画认真无比。年轻人组成的集体中,生活自然充满热情,人们在课余热衷于各种玩乐。

"好好地打扮自己吧,Vesti un ciocco, pare un fiocco(意大利语:佛靠金装,人靠衣装)。"

"哈哈,打扮什么?那么一点小钱,不如到小馆子里一醉方休。"

"那,拿什么供养可爱的小女人呢?"

"Bacco e Vènere ricetta con l'uomo in cénere……(意大利语:巴库斯和维纳斯能把人变成灰烬……)"

这些古代诸神的名言,在当时的艺术圈里十分流行。巴库斯是美酒与欢乐之神,维纳斯则是美与爱之神。

对于这些类似于今天嬉皮士的玩笑,艾乌泽比奥是从不参与的,他因此被班上的同学戏称为"木桩"。"木桩"脸部清瘦苍白,一蓬乱糟糟的黑发像只刺猬趴在头顶。尽管他努力绘画,可这个"慢郎中"干什么都比别人慢。他常常痛苦地站在自己的画架前发愣。现在,他就在画架前临摹老师的名作《儿时的耶稣和施洗者约翰》,他有些画不下去了。

"怎么啦,艾乌泽比奥,病了还是怎么的?"拉斐尔问。

"累,真太累了。一早上昏沉沉的。你看,调子都找不准,真邪门了。"

拉斐尔走了过去。他歪着头看了一会儿,就看出了一些门道。"我来试试。"他接过艾乌泽比奥手中的笔,在他的画上调整了几处色彩和形体细节,然后退几步,仔细看了一下画面。

"这样,你感觉如何?"

"嗬,拉斐尔,"艾乌泽比奥由衷地叫了起来,"你这人怎么回事,别人要费好大劲的事情,你怎么两三下就成了?"

这幅画很可能是拉斐尔在去往佛罗伦萨之前,在翁布里亚绘制的最后一幅作品。人们在研究时发现,在最初的版本中,圣母手中拿着的是象征耶稣受难的石榴,而非书本。

柯内塔斯比勒圣母

Conestabile Madonna

拉斐尔、1502—1504

布面蛋彩画·17.5厘米×18厘米

圣彼得堡艾尔米塔什博物馆

"木桩"满面泛着红光。自此以后,艾乌泽比奥一口咬定拉斐尔是意大利前所未有的天才,接下来的一生中,他都如此崇拜拉斐尔。

这些天,佩鲁吉诺老师有事出去了,同学们都"放羊"了,画室里只有拉斐尔和艾乌泽比奥在坚守阵地。拉斐尔总是一大清早就开始工作,他想到一个选题——柯内塔斯比勒圣母,他想赶在老师回来前画出来,给老师一个惊喜。

"你已经开始工作了?你看我,才刚起来。"

那天早上,空荡荡的画室里只有早起的拉斐尔一个人在画画,他猛地听到背后有人说话。

拉斐尔一回头,就看到睡眼惺忪的老师。

"老师,您回来了?我正等着您,我想知道您对我的画……"

"你的画……"老师打了一个长长的哈欠,"你的……画,我出去了几天,昨天夜里才回来。喂,艾乌泽比奥,你这小鬼,什么时候溜进来的?傻乎乎地待在那里干啥呢,这画,你是怎么想的?"

"我……"艾乌泽比奥总是这样,他在老师没有明确表态前,从不发表自己的感想。

"你反正也说不出什么。我想问的是,拉斐尔,你是怎么把画布变成这么活生生的、美丽的小孩的呢?哦,这比大自然创造的小孩还要美,母亲也是活生生的,就像我们每个人的邻居,而不是天国的圣者。太生动了,这,我还有什么可说的呢?"

在这幅画上,拉斐尔让圣母抱着孩子,她正在阅读。这位年轻的母亲大概是想让孩子知道读物上的知识。这是生活中的母亲,活生生的圣母。在画面的其他部分,那些背景,让人一眼就看出都是佩鲁贾近郊的山峦,空旷的山冈上长着稀疏的几棵树,一条孤独的小船上,坐着两个惆怅的人。

老师说话的口气使拉斐尔有些失望。老师在夸耀他,但对他的画并未产生吃惊的感觉,也没有表现出预期的激动。

"对了,这背景,这不就是我们翁布里亚的景色吗?可是,拉斐尔,迄今为止,还看不出你自己的风格。孩子,艺术的风格正是艺术的灵魂。你不能光像我的画,我是我,你是你,你是拉斐尔。你有无量的前途,我看得出来,意大利将要出一位大师了。孩子,你将是一位才华横溢的艺术家,可是,你必须形成自己的风格,这是一位画家成为大师的前提。风格,懂吗?"

"风格,哦……"拉斐尔呢喃着。

老师拥抱了拉斐尔,他明朗的笑容使他容光焕发。

"在这里,你不必再按照我的意思,你完全可以独立工作了,想创作什么就创作什么。你已经提前毕业了,孩子。艾乌泽比奥,好好地向你的同学学习吧,他会比我更强。"

老师回来的消息早传遍了,该上课的时候,"放羊"的同学们都到了。佩鲁吉诺在他的圈手椅上坐了下来,他上课的时候就坐在这里。他用郑重其事的口吻说：

"听着，拉斐尔，我也对全体同学说，当然我更主要的是对你说……我准备迁居到佛罗伦萨。哦，各种各样的艺术家都从四面八方拥向那里，如果我再待在这个小地方，那就太不明智了。而你，拉斐尔，还有几位同学，你们可以自立门户了，可以独立开画室了，我能教你们的，也就这些了。"

几天后，学生们在城堡的门口送别了自己敬爱的老师。佩鲁吉诺带上自己的画和绘画工具，他的家具杂物堆满了马车，由忠实的老仆赶车前往佛罗伦萨。有几个学生希望继续跟着老师学习，也跟随着前往佛罗伦萨，这其中也包括艾乌泽比奥。

他们在依依不舍的道别中各奔前程。拉斐尔久久地凝视着渐渐远去的车辙印，他喃喃地说道：

"哦，佛罗伦萨……"

五

留在佩鲁贾的拉斐尔开了一家画室。《柯内塔斯比勒圣母》令他名声大噪,订单不断。这时期,拉斐尔创作了不少作品,他对自己给圣弗朗西斯教堂画的圣像画《圣母的婚礼》十分满意,第一次签上了自己的名字。从事业的开端来看,拉斐尔无疑是成功的,但老师离开以后,他时常感到有一种难以抑制的孤独,他开始思念故乡,这种强烈的乡愁促使他在一年后离开了佩鲁贾,回到了自己的老家乌尔比诺。

在拉斐尔离开的四年多时间里,乌尔比诺这座海滨小城也经历了动荡和打击。正如米兰和意大利其他地方一样,切萨雷·波吉亚在这里施以无节制的暴行。人们传说他甚至杀死自己的亲兄弟,并把藏匿在教皇道袍下的前宠信者用短剑刺死在至尊的胯下,以致溅起的鲜血污染了教皇高贵的脸庞。按照乌尔比诺的吉多贝多公爵原先的如意算盘,这座远离罗马的小城不会成为掠夺者的目标,他想与切萨雷媾和,不料却正中了圈套,大公自己总算捞得了一条小命,只身逃出了这座小城。

背信弃义者的统治并不长久。1503 年，随着教皇亚历山大六世的去世，乌尔比诺暴怒的民众赶走了统治者，人民欢呼大公的归来，他们再也用不着害怕了，新的教皇正是大公的亲戚和庇护人儒略二世。当人们看到返回城堡的大公时，发现吉多贝多变了，他已经没有了昔日的热情。大公身体瘦弱，心情颓唐，对于拥向宫殿倾诉的贫困民众，反应麻木。

拉斐尔就在这时候回到了乌尔比诺。

二十岁的拉斐尔像一个陌生人那样回到了自己的家里，这时候，后妈向他露出了尴尬的笑容。

"哦，拉斐尔，你简直跟你父亲长得一模一样。我多少还有这个福分，在苦难中把你抚养长大。姐妹们呀，快来看哪，圣母把谁派到我家来了。"

又是一个吵吵嚷嚷的场面。她们都听说拉斐尔有了许多订货，现在已经是大画家或者大画商了，他的形象显然光辉了起来。后妈从花园里把和她长得一模一样的女儿叫了出来，并且让那个小姑娘与拉斐尔来了个贴面礼。拉斐尔贴着小女孩冷冷的脸颊，却感觉不到和她有什么关系。

年轻的画家拜访了舅舅西蒙涅，蒂莫特奥老师正好也在那里，他们几乎同时从座椅上跳了起来拥抱拉斐尔。西蒙涅舅舅像女人一样哭了起来：

"哦……回来了，好……没有忘记家乡，你母亲能活到今天，她该有多高兴啊，可惜她没有这个福分。"

圣母的婚礼
The Wedding of the Virgin

拉斐尔，1504年
木版油画，174厘米×121厘米
米兰布雷拉画廊

拉斐尔的老师佩鲁吉诺也画过同一主题的作品，但两者相比，拉斐尔的人物更生动，背景建筑的透视效果也更为真实立体，从中已体现出拉斐尔自己的风格。

他在舅舅那里坐了好久，满怀感触地谈论往事。

拉斐尔又去找伊冬尼亚，对于这位母亲般的老仆，他多么想拥抱她。正在安度晚年的老厨师用哀伤的目光迎接年轻的画家："她已经不在人世了，桑蒂先生。她已经死了……她是多么地爱你呀。她一直在等待，一直想看到你……那个该死的切萨雷·波吉亚，他血洗了这座城市……她吓死了，真的吓死了。人老啦，受不了那样的刺激……"

物是人非，一种深深的惆怅和失落感涌上了拉斐尔的心头，当他魂牵梦绕的故乡真实地出现在他眼前时，却处处令他失望。最刺痛他心灵的是，他现在更理解了儿女在失去母亲后的深刻孤独，失去了母亲和母亲般的伊冬尼亚，他就像找不到港湾的海船，心里永远无法着落。呵，母亲，母亲……

他孤独地在城市里漫步，城市并没有因为乔凡尼·桑蒂的儿子归来表现出特别的热情，甚至当他前往拜访大公时，大公和夫人因为午睡也不能接待他。他还偶然地遇到了美丽的公爵小姐艾丽扎维达·贡扎加，她向拉斐尔订了货。年轻画家在家乡画了圣乔治和天使米哈依尔，画作的背景和气氛，就是不久前从乌尔比诺上空消逝的风暴。

他没有在乌尔比诺久留，就在这一年去了佛罗伦萨。

第 五 章
1498—1503

劫后的辉煌

睡眠是甜蜜的,

成了顽石更是幸福,

只要世上还有羞耻与罪恶存在着的时候,

不见不闻,

无知无觉,

便是我最大的幸福,

不要来惊醒我!

——米开朗琪罗

一

萨佛纳罗拉猛烈抨击美第奇政权的言论顺应了厌倦美第奇家族统治的佛罗伦萨市民的情绪。这位多明尼克教士对于佛罗伦萨城里的奢侈之风和腐败之气的抨击，都是民众早已耳闻目睹的事情，他的讲道正契合了市民的切身感受。他以宗教净化和世俗批判这两种方法，使自己成了民众的精神领袖。于是，当1494年萨佛纳罗拉以神的名义预言了美第奇家族的覆灭命运，又一次在佛罗伦萨掀起狂热后，彼耶罗·德·美第奇逃亡国外，市民通过选举产生了新的共和政府，萨佛纳罗拉成为新的执政者。

从政治角度看，这是一个文明的进步行为，但是从文明演进的角度视之，则恰恰相反。萨佛纳罗拉在批判美第奇家族时，他的宗教极端主义和禁欲主义产生了强大的社会快感，但这一主义被用于政策的执行时，它批判和否定的矛头就直指市民本身。美第奇已经倒台了，那么现在就请大家也把家里保存的奢侈品都拿出来当众烧毁吧，不仅一切娱乐被禁止，连正常的婚姻也不受到鼓励，其禁欲的严厉程度，不但在佛罗伦萨历史上，甚至在意大利历史上也是七世纪以后从未有过的。文艺复兴所涌现的大量艺术作品，理所当然地被看成不道德的东西，一批批地被投入火海。生气勃勃的佛罗伦萨，一下子成了一座死城。

胜利的萨佛纳罗拉继续将革命的锋芒对准了教皇，他怒火冲天地谴责教皇亚历山大六世，甚至不顾教皇给他以"红衣主教"的利诱，继续在发言中公开揭露教皇的种种罪行，使这位耶稣在人间的代理人十分难堪。教皇禁止萨佛纳罗拉布道，但他对教皇的命令置若罔闻，教皇只得下令将他逐出教会——这样他就不能再执政佛罗伦萨，以此来恐吓萨佛纳罗拉。萨佛纳罗拉疯狂地继续战斗，教皇也不是吃素的，佛罗伦萨政府接到命令，逮捕了这个不让人们安宁的、徒有反抗精神的教士。这位热衷于动员人民起来与强权斗争的鼓动者，顷刻之间就被传统势力所击溃，而佛罗伦萨市民也渐渐发现，他的种种说教并没有使贫困者的境遇有所改善，于是人们也不再打算追随他，甚至把他作为嘲笑的对象，人们以比厌倦美第奇家族更快的速度，厌倦了萨佛纳罗拉。这位佛罗伦萨市民当年的精神领袖被从牢中带到美第奇家族宅院门前的塞诺里亚广场，人们燃起了熊熊火焰，对被酷刑折磨得不成人样的预言家施以火刑。正如前些日子他在那里焚烧奢侈品和艺术品一样，预言家被绳子绑在柱子上，噼啪作响的柴火狂怒地吞噬了萨佛纳罗拉黑色的身影。

萨佛纳罗拉接受火刑的时候，已经是米开朗琪罗到达罗马后的第三个年头了。红衣主教阿里奥在艺术鉴赏上并不高明，他虽然心血来潮找到了米开朗琪罗，并把他带到了罗马，但是他并不能正确地评价米开朗琪罗的天才。他很少注意到这位来自佛罗伦萨的年轻画家，更没有像他以前所承诺的那样向他订货。令人意外的是，此时一个富庶的罗马人向米开朗琪罗订购了一座巴库斯的塑像，这才使他的生计出现了转机。他塑造了一座比真人更高大的塑像。年轻漂亮的巴库斯醉得几乎站不住了，他一手拿着酒杯，另一只手拿着一串鲜艳欲滴的葡萄，调皮的精灵正从他的背后偷偷摘食那串葡萄。

米开朗琪罗的心情坏透了，他变得越来越愤世嫉俗。他常常想到在佛罗伦萨时听到的萨佛纳罗拉的演说，他虽然对这位预言家的言论不尽赞同，但预言家的情绪多少与他现在的心境有所吻合。当佛罗伦萨处死萨佛纳罗拉的消息传到罗马时，米开朗琪罗不能不为之震惊。他回忆起这位多明尼克教士令人难忘的身影，他曾经公开反对不平等和暴力，这使米开朗琪罗深为折服。他反对萨佛纳罗拉对艺术的偏见，但是他佩服萨佛纳罗拉的精神，他无法将萨佛纳罗拉的影响从自己的内心抹去，哪怕这种影响是矛盾的。

他为佛罗伦萨感到害臊。他仿佛看到那些重新用绫罗绸缎装扮起来的市民，是如何在塞诺里亚广场上冷漠地围观教士殉难。他也仿佛看到在烈火和烟尘中，殉难的萨佛纳罗拉被缚在

米开朗琪罗一反传统,将圣母刻画为一位少女,构图上采用了金字塔形,长袍既衬托了轮廓,又能够调和构图美与实际比例的冲突。这也是米开朗琪罗唯一的一件署名作品。

圣母怜子 *Pietà*
米开朗琪罗,1498—1499
大理石,174厘米×195厘米
梵蒂冈圣彼得大教堂

火刑柱上的黑色身影。一种切肤之痛泛上他的心头。哦，真理，那些今天被称作真理的东西，明天就可以被强权者践踏蹂躏。年轻的艺术家血气方刚，他的手紧紧地攥成了拳头，狠狠地捶打在自己的画桌上，桌上的一幅素描溅上了男儿的眼泪。

正如中国的一句俗话"悲愤出诗人"，米开朗琪罗在弥漫着黑暗的人生阶段，创作了他最伟大的作品《圣母怜子》。这是一座大理石雕塑，表现了失去儿子后的圣母的痛苦。艺术家没有遵循前人的老套路，让母亲因过分的悲恸而显得疲惫、颓唐、憔悴、丑陋，他保持了母亲永不凋谢的青春之美和圣洁之情，表现了在巨大厄运下的倔强之美。米开朗琪罗完全忘记了自己肉体上的劳累，他夜以继日地工作着，在一块并不成形的大理石上，渐渐诞生了一位美丽的年轻女性，无比美丽，无比动人。她正小心翼翼地把死去的儿子抱起来，放在自己的膝上，然后向他投去慈祥却无奈的目光。一种无声的悲戚令人刻骨铭心。

整个罗马看到了米开朗琪罗这座杰出的雕塑，人们在狂喜后发出了一片惊叹。

"哦，了不起的艺术家，真不知是什么样的人物。"

"你不知道？"另一个声音说，"他是来自我们米兰的格波。"

米开朗琪罗听到了那些哗众取宠的议论，他想："哦，不行，我的智慧结晶，怎么可以冠上他人的名字？"

那天夜里，艺术家摸黑来到了那个放置雕像的教堂，在摇曳的烛光照射下，他在圣母左肩的缎带上刻上了自己的姓名：米开朗琪罗·波纳罗蒂。

当父亲得知儿子荣名大振时，这位重新做了鳏夫的前镇长首先想到的是钱。米开朗琪罗的兄弟们只会花钱，而赚钱的希望只能寄托在这位唯一聪明能干的老二身上。1498年，米开朗琪罗二十三岁，他不能告诉父亲自己是如何地拼命工作，他已经不是为自己而活着了。他营养不好，健康状况坏到极点，在阴暗、潮湿、没有生火的小工作室里，常常彻夜不眠，身体在睡觉的时候，脑子还在继续工作。这一切发生在罗马，发生在这个世界上的"永恒之城"。这种不如意的状况对于艺术家来说，已经到了承受的极限。

米开朗琪罗再一次面对现实，考虑着该不该回到佛罗伦萨去。

二

　　离开米兰的达·芬奇,经过两个月的辗转,终于在1500年重新回到了故乡。四十八岁的达·芬奇眼中的佛罗伦萨已经不是艺术和欢乐的城市,动乱后的疮痍四处可见。美第奇家族在这里退出历史舞台,同时也带走了这个奢华家族订购艺术品的时代。维斯巴西阿诺那家名人集会的小酒馆的遗址上盖起了银行事务所,许多美第奇家族的宅邸也面目全非。老迈的父亲已经回到了故乡芬奇镇,达·芬奇和他的学生就在城里租了廉价的房子,像贫民那样生活,他们节衣缩食,企望着某一修道院或者教堂的订货。《最后的晚餐》凝聚了他太多的心血,此刻他将热情更多地投注在科学之上。在那拥挤的住宅里,重新出现了酒精灯、曲颈瓶、蒸罐、蒸馏筒,甚至熔炉,桌上到处堆放着手稿和设计图,以及写满了数学公式的本子,给人一种不务正业的印象。

　　这间开设在市中心的画室,还是收到了一件小宗的订货,一个发了国难小财的商人要在他家墓地的小礼拜堂画一幅小小的圣母像。这时候,画家正构思着为一幅大画尝试画素描稿,那素描上有耶稣家族的一群人,安娜和女儿玛利亚,以及安娜的外孙耶稣,此外还有施洗者约翰。之后,这幅草图就装饰在狭窄的画室中央,达·芬奇让学生们来发表感想。

黄昏是达·芬奇散步的时候,他徜徉在阿诺河畔,欣赏着小时候看惯了的风景。佛罗伦萨已经忘却了阔别近二十年的儿子,他离开的时候才三十岁,还是个英年才子,现在的他步入中年,处境艰难。一个久违的声音使他驻足,那声音低吟着但丁的诗句。他回过头去,看到一个熟悉又不敢相认的佝偻身影。哦,难道这是波提切利,他的老朋友?波提切利正抬起头来,无意识地瞥了他一眼,然后径直走了过去。他只比达·芬奇大八岁,竟然苍老得犹如古稀,皱巴巴的脸上长满了乱七八糟的白胡子,苍白的脸颊明显地凹塌下去。这就是那个温和而敏锐,有点女人气的桑德罗·波提切利吗?

"我的朋友,"达·芬奇终于叫出了声,"我们是在什么样的境况下见的面呀。"

波提切利,这位佛罗伦萨画派最后的大师面无表情,他喃喃地说:"自从伟大的预言家哲罗拉莫·萨佛纳罗拉死去以后,除了吟诵但丁的诗篇,我已经无所事事……我为《神曲》作了插图……人们说我的画意过于低沉……哦,神圣的殉难者在鼓舞着我,他对我的启示使我常常想到自己的使命。"

"佛罗伦萨的那些画家呢,他们都到哪里去了?"达·芬奇问,"我怎么都看不到他们的身影了?"

在达·芬奇离开的那些年里,佛罗伦萨画派发生了分化,这个画派著名的中坚人物,弗朗西斯科、梅洛佐·达·弗利、柯西莫,以及新近加入这一行列的、从佩鲁贾来的佩鲁吉诺——拉斐尔的老师,他们或者已经谢世,或者还在坚持。一种新的倾向——"矫饰主义"——在这个画派的后起之秀中兴起,他们开始修正托马斯·马萨乔奠基的写实主义传统,用充满激情而又浮华细腻的风格进行创作,构成文艺复兴后期一支强劲的流派,为其后的巴洛克画风开了先声。这时候,意大利,或者说欧洲文艺复兴的绘画主流,开始向亚得里亚海岸转移,这一趋势从抬头的威尼斯画派中初露端倪,继乔凡尼·贝利尼以后,乔尔乔内、皮翁博和流浪画家洛托,以及刚开始学习绘画的提香、雅各布,他们以抒情和崇尚自然为特点,接过了佛罗伦萨画派的流风,在威尼斯形成了一支整体力量。

莱昂纳多·达·芬奇,以及即将到来的米开朗琪罗和拉斐尔,仿佛要为劫后的佛罗伦萨艺术,抑或说是文艺复兴全盛期再一次唱响最为辉煌的高音,然后结束这座城市作为文化核心的时代。

波提切利带领达·芬奇默默无言地从小巷里走过,走进了圣马可修道院。疯狂的预言家萨佛纳罗拉在这里留下了令人难以忘怀的种种痕迹。他们走过他的单人修道室。由于教士们的保护,那里的一切几乎原封不动,萨佛纳罗拉戴过的帽子,为禁欲而戴的铁链、手铐依旧放在那里，一堵墙上挂着萨佛纳罗拉的肖像。

现在继承这间单修室的是佛罗伦萨伟大的雕塑家洛伦佐·吉贝尔蒂，他现在改称巴多罗密奥教士，这是他们曾经崇拜的人。他戴上多明尼克教士的白帽后显得很不协调，也很滑稽。

"我将在此了却残生。哦，莱昂纳多，因为我们教会的歌曲里有悲怆的调子，而被人们称为'爱哭的孩子'……你来了，我很高兴，我现在正在为修道院写些东西，我是一段说不清的历史的证人……"

达·芬奇越来越感到眼前的人是那样的陌生，他带着悲凉的心情离开了那里。哦，佛罗伦萨，打起你的精神来吧。

佛罗伦萨毕竟一时难以振作，画家拿不到订货，就没办法养家糊口，更无法继续他的科学研究。此时出现了一个小小的插曲。达·芬奇踏上了最不可预测的旅程，他要前去为意大利各公国中最可怕且最险诈残忍的切萨雷·波吉亚服务，用他自己的话来说："都是昏君，为谁服务不是一样？"这时候，切萨雷·波吉亚搜罗了一大批雇佣军，想实现自己的第三步打算，他要前去征服罗马涅，一个意大利北部的公国。他需要军事工程师，于是想起了达·芬奇。达·芬奇前去任职时，波吉亚欣喜若狂，他命令所有的关隘都得为"建筑师和总工程师达·芬奇放行，并给予一切合作"。达·芬奇却冷冷地给波吉亚确定了一条工作原则，他只设计防御性的工事，这大大地扫了急切想实现远征胜利的波吉亚的兴，画家就被晾在了一边。这时候，佛罗伦萨的执政官索德里尼却召他迅速返回家乡，以保卫这座城市免受比萨人的进攻，要他在佛罗伦萨承担军事工程师的职务。

达·芬奇又回到了家乡，但他重新埋首他的科学实验中。"就像战胜洪水一样，人也应该战胜空气，建造出强有力的飞船，这样就可以在广阔无垠的天空航行了。"

画家的生活依旧没有着落。此时，他意外收到了备受尊敬的银行家弗朗西斯科·乔宫多的来信，除了一些溢美之词外，他要求达·芬奇马上到他的宅邸去一下。莱昂纳多笑了起来："学生们，恐怕有人送钱来了，还是一位银行家。"

"那会是什么工作呢？"

"哦，Asino che ha fame mangia d'ogni strame（意大利语：饿驴不择食），孩子们，把新的斗篷拿来吧，我得立即去一趟。"

乔宫多的住宅富丽堂皇，透过拱门就能看到繁花盛开的院子。在郁郁葱葱的林木映衬下，几头海豚造型的雕塑构成了一座漂亮的喷泉。仆人们尊敬地接待达·芬奇先生，他是他们主人的贵客。乔宫多先生陪着一位老人在客厅里等候，那老人是他的岳父。

"我们，"乔宫多先生说，"我和我岳父，我们荣幸地等候着您，莱昂纳多先生。我们的意思是想为一位年轻的女子画一幅肖像。这位女子有幸被我称为夫人……"

"而且这位女子是我最宠爱的女儿，莱昂纳多先生，"老人说，"她是我晚年的快乐和安慰。"

"我们想把肖像画成出类拔萃的艺术品，因此，我们舍得花钱，先生。在所有的画家中，我们选择了您，大名鼎鼎的达·芬奇，您的《最后的晚餐》使您声名远扬。我们希望您能接受这次订货，我们将不胜荣幸。"

至于画作的报酬，银行家报出了一个巨大的数字，把达·芬奇吓了一跳。乔宫多补充说：

"如果您还嫌少，我们可以增加酬金。"

"我非常乐意接受你们的盛情。如果方便的话，我想马上能见一下这位尊贵的夫人。"达·芬奇说。

"当然。"乔宫多吩咐了仆人，就在他们喝咖啡的时候，传来一阵裙子发出的窸窸窣窣声，当达·芬奇转身时，老人说：

"莱昂纳多先生，这就是我的女儿，丽莎。"

三

米开朗琪罗于1501年从罗马回到了故乡佛罗伦萨。一开始他并没有找到工作,年迈的父亲成天为钱发愁,于是他签订了一个小合同,为锡耶纳教堂装饰礼拜堂。他从库房里找到了一块三人高的大理石,这使他很激动,尽管这块石头以前被一个没胆量创造宏伟形象的雕塑家鲁莽地锯开了,但它的巨大体积却强烈吸引着米开朗琪罗。

那是阳光灿烂的夏末,佛罗伦萨一年中最盛大的节日"葡萄收获节"即将举行,大街上到处都是欢乐的人们,姑娘们穿上用葡萄叶装饰的白色希腊式袍裙,纷纷赶到市政厅前的广场,这里在之前被称为塞诺里亚广场。

"哦,"米开朗琪罗想,"当初萨佛纳罗拉就在这里被执行了火刑,对于这件深刻影响着佛罗伦萨公众心灵的大事,难道不值得建造一座纪念性的雕像吗?是呀,佛罗伦萨的市民们认识不到自己的力量,他们总是寻求依赖,要么是贪婪奢华的美第奇家族——请原谅,尽管他们有恩于我——要么是不学无术

大卫
David

米开朗琪罗，1501—1504
大理石，高410厘米
佛罗伦萨美术学院

之前的艺术家所雕塑的大卫大多表现他割下歌利亚的头，取得胜利的情景，而米开朗琪罗的大卫描绘了战斗之前的状态。雕像面色坚毅，头部左转，颈部的筋凸起，似乎正在准备战斗。

的教士。应该有一个更强大的胜利者的象征，让他的形象耸立在市中心，以此来鼓舞市民的信心，使他们不再惧怕来自米兰的军事统治者，那该多好啊！"

一个形象渐渐在米开朗琪罗的大脑里清晰起来。那是一个充满自信的青年巨人，他勇敢地抬起了头，用胜利者轻蔑的眼神注视着前方，他的肌肉结实匀称，身体上各部分的线条和谐，这座雕像应该是前所未有的宏伟，充满着强大的生命活力和青春的乐观，是雄健和力量的化身，他随时准备保卫自己的家乡，战胜任何敌人。哦，这不就是大卫，那个古罗马神话中的少年英雄，那位总是胜利的英俊少年？是的，以前出现在艺术品中的大卫，永远是一个胜利的孩子，那不行，他必须是一位准备去决斗的战士，一位视死如归的战士。但是他胜利了，他在胜利中蔑视着敌人，他的手里永远拿着他习惯了的武器，他是用石块准确投掷敌人的战士。

大卫的形象与那块巨石慢慢地重合

了。米开朗琪罗凝视着石块不规则的轮廓线,他的大卫雕像越来越清晰。他已经看见大卫微微向前倾斜的身体,那浓密鬈发之下转向敌方的头颅,他那举向左肩的手,以及他如磐石般站立在大地上的稳定而厚重的姿势。哦,那正是米开朗琪罗要表达的佛罗伦萨人民的精神,这是一个城市巨大潜在力量的人格象征。

他在教堂的院子边开辟了自己的雕刻作坊。太阳还没有升起,人们就已经听到那里响起了叮叮当当的凿石声。年轻的米开朗琪罗——他当时只有二十七岁,用美丽的克拉拉大理石雕刻着同样年轻的大卫,石头中开始显露出隐约可辨的形体。

"哦,我是在为艺术女神做一个称职的长工,这个长工发誓奉献出他自己的一生,矢志不渝。"米开朗琪罗愉快地想着。

人们不明白老镇长的儿子为什么一直守在那块石头旁,这个傻乎乎的小石匠几乎拒绝了所有的物欲,他就像一个清教徒,每天只知道从那大理石上挖下点什么。秋天过去了,冬天随之来临。寒冬过去了,春天又一次光临阿诺河畔,接着,又到了欢乐的葡萄收获季,然后是金色的秋天……对于米开朗琪罗来说,飞逝的年华正化为他工作的结晶。一位英雄健美的身躯站立了起来,年轻的艺术家用他青春的最后经历,在一块巨大的顽石上倾注了他对人的全部理解,也倾注了他对故乡佛罗伦萨全部的爱。

不朽的《大卫》终于完成了。

这座雕像是佛罗伦萨市政厅的订货。执政官皮埃耶罗·索德里尼想看到自己的订货,他一直认为自己是艺术鉴赏的行家。他装出一副了不起的样子,围着雕像转了一圈,然后停了下来。他没有吭声,半天不说一句话。空气沉闷得令人窒息。

"当然,"执政官终于开口了,"这雕像嘛,能看出匠意……很魁梧……然而,当然……但是大卫的鼻子,他的鼻子有问题。是不是……好像太不饱满了?"

米开朗琪罗对此并不奇怪。他在与那些达官贵人的接触中,遇到过不少这样的"行家",他已经习以为常了,他知道怎么对付这样的套路。米开朗琪罗从地上抓了一大把石屑,爬上了雕像的脚手架,他背对着执政官,把石屑撒到了雕像的头上——当然他没有让执政官看出这个小动作,然后拿起锤子,在雕像头部那些并不重要的部位叮叮当当地敲打了一阵,故意把那些撒上去的石屑扬得到处都是。

"现在,"他转过身来对执政官说,"您看是不是好多了?"

"对,是的,是的。这样,我对这座雕像的兴趣就大增了。"执政官满意地说,"这座《大卫》是一件杰作,哦,米开罗,我早就看出了你的天才。怎么样,我还是有眼力的吧?"

他并没有发现脚手架上的米开朗琪罗那诡秘的一笑。

"那好,现在是该研究一下了,这座雕像应当放到什么位置上去呢?"执政官自言自语地说。

四

丽莎夫人拖着贵重的连衫裙来到了书房,她梳着时髦的发型,一绺绺卷发披散在双肩。她两颊绯红,眉毛也按时髦的式样修饰过,手上和脖子上挂着贵重的宝石饰物。她并不算是一位绝代佳人,在佛罗伦萨,比她漂亮的女子多着呢。但是她有充分发育的丰腴身体,特别是她的那双眼睛,给达·芬奇留下了深刻的印象。那是一双并不大,但闪闪发光的眼睛,透露出无限自信的目光,这种自信带有一种对他人的蔑视。这目光对达·芬奇来说太熟悉了,在佛罗伦萨富裕家庭的女性中,常常能看到这种充分自信的眼神,这是这座城市越来越成为"有说话份儿"的阶层特有的目光。

这时候,一种强烈的创作冲动煎熬着画家莱昂纳多·达·芬奇,他显然已经捕捉到了要在画中表达的灵魂。

"我同意立即就着手工作,"达·芬奇说,"不过我想说明的是,绘制的时间可能会很长。此外还有一个对我来说必不可少的条件,那就是这幅肖像不是在您的府上,而是在我的画室里完成,因为完成一项长期而精致的工作,任何地方都没有自己习惯的画室更平静和从容,我必须坚持这一点。"

在他说完最后一句话的时候,丽莎夫人的脸上掠过一阵忧郁的神色,那位贵夫人已经开始担心自己不能适应长时间的模特工作了。

当穿着华贵的轿夫将载着丽莎夫人的软轿停放在画家工作室门前的时候,街上的人们都投来好奇的目光,随轿而行的正是佛罗伦萨赫赫有名的银行家乔宫多先生。他向年轻的夫人弯下腰去,帮助她走出软轿。

丽莎夫人对杂乱的画室感到很不自在。画家让她坐下来,他很快调整好角度,把画架的位置放置停当。丽莎夫人慢慢习惯了周围的环境,并对那些稀奇古怪的实验装置产生了好奇。她雍容地坐在画家的对面,想到眼前这位五十岁的大胡子著名画家将使自己的芳容永驻人间,脸上不禁泛起了一层红晕。

达·芬奇抬起头来,他注意到了丽莎夫人的那一双手。年轻的夫人把一只手放到另一只上面,摆出了一副贤淑少女等待长辈训示的姿态。哦,这双手是多么美妙呀。达·芬奇用温柔的语调说:

"如果夫人不反对,我想描绘一双不加修饰的手,而且脖子上的项链,也请去掉。"

乔宫多好奇地看着画家,他没有提出异议。丽莎夫人顺从地褪下戒指,同时摘下了项链。

"谢谢你,夫人,"画家说,"那么请你再改变一下姿势,好,现在这样十分好。"

画家想描绘的女子,应该是毫无修饰、情趣天成的。一切都显得那么自然,就让那一绺绺卷发也这么自然地垂到裸露的颈上吧,多么优美。画家开始在画布上勾勒起草图。

乔宫多先生感到自己完成了陪同的使命,他品尝着桌上预备好的葡萄酒,露出了安乐和得意的神色。他开始与画家聊起天来:

"啊,莱昂纳多先生,我的婚事解决得再好不过了。你看吧,她的父亲和我父亲一样富有,我们的财产会合到一起。新娘虽然出身豪华家族,习惯了没完没了的娱乐生活,可是她禀性端庄,操行仪范,富有教养。"

任何人都会对日复一日的模特工作感到厌烦。达·芬奇已经想到了这一点,他在绘画的时候,注意到丽莎夫人对他的画室兼实验室中的一切十分感兴趣,包括鸟类的标本、蜥蜴和不知名的昆虫,于是他就在绘画休息的间隙,主动向她介绍一些比较容易懂的大自然奥秘,引起了丽莎夫人浓烈的兴趣。她在银行家的家庭里听惯了那些贷款、借据、利息和枯燥的数字,虽然有时候他们也会请小丑来说笑话,但是那些无聊的说笑她都能复述和背诵了。她从没有听到或看到过像这里这样丰富多彩的大自然和艺术作品。有时候,当丽莎夫人听得入迷或者突然心有所悟时,她的眼睛会闪现出深邃莫测的光芒。

随同丽莎夫人来的老奶妈在绘画小憩的时候，会给她的主人清洗橙子或者石榴，并在开饭前切好嫩鸡或者熏肉。那个老婆子十分害怕达·芬奇先生画室里的那些穿着铠甲、戴着头盔的模特，害怕那些放在桌子上切开了脑袋瓜的动物标本，她就在背地里竭力使丽莎夫人将达·芬奇想象为一位巫师，是魔鬼的朋友。

"圣母啊，他怎么能把年轻的夫人画到油画上去呢？要知道，那种画像只有天主和圣母才能画上去，可是丽莎夫人只是个人呢，这不是亵渎吗？他的灵魂是要遭报应的。"

这个无知的老奶妈倒是看到了文艺复兴运动的真谛，正是这一运动，冲破了近千年中世纪神权对人性的压抑局面，"人"第一次受到了重视。在艺术领域，"人"正在逐步地取代"神"的地位，"人"第一次敢亵渎"神"的威严。

丽莎夫人对奶妈的话只报以一笑，这个聪明的女人已经感受到了科学和艺术正在表现出的力量，这种力量将改变世界，只是她不明白那力量是怎么产生的。

夫人问画家："能够创造发明的人，比如说画家、诗人和发明家，他们与一般人在智能上有什么两样吗？"

"哦，你这个问题恐怕得这样问，"画家说，"艺术家与从事平常事业的人，他们对于社会和人类的作用有什么区别？"

"对，正是这样，"丽莎夫人说，"艺术家不生产物质产品，但是他们的创造却是那样的高尚，这使我始终不能明白。"

蒙娜丽莎
Mona Lisa
达·芬奇，1503—1507
木版油画，77厘米×53厘米
巴黎卢浮宫博物馆

画中的女子坐姿优雅，笑容微妙，背景中的山水幽深朦胧，画家淋漓尽致地发挥了奇特的烟雾状笔法。一直以来，人们对画中人物的身份有诸多猜测，目前最普遍的观点认为她是丽莎·乔宫多。

"哦，是的，是的。在一般人看来，艺术家的创造既不能吃也不能用，那么他们到底在做什么呢？"

"我正对此感到迷惑。"

"夫人，我想为你讲一个故事，那故事是我小时候从柳契娅奶奶那里听来的。虽然仅仅是个童话，却能表达我要解释的道理。"

"是吗？"丽莎夫人的眼中又一次闪耀出深邃莫测的光亮。

"从前有四个兄弟，老大、老二和老三都是聪明人，他们一心想学一门有用的知识，好养活自己，只有老四在他们看来仿佛是个不切实际的人，他常常想入非非。他们约定用三年的时间各自去学一门学问，然后在三年后的这一天到一棵大树下碰头。于是他们出发了。

"三年后，他们按照约定如期到达。老大先来了，他学会了木匠活，就砍了那棵树，把它雕刻成一个木头姑娘。老二来了，他学会了裁缝，就给那木头姑娘披上了新衣裳。老三又到了，他是个首饰匠,他拿出已经打好的金银首饰给木头姑娘戴上。可是美丽的木头姑娘只是一段木头,她没有生命。老四到达了,他什么手艺都没有学会,三年里他只是到处流浪,他能唱绝妙动听的歌曲,石头听了也会动情。

"老四看到那美妙的木头姑娘后,情不自禁地唱了起来,他的歌曲表达了对人类美好的爱的歌颂。那歌声先让躲在灌木丛里的三个哥哥感动得哭了,然后奇迹发生了,那木头做的姑娘也被感化了,她慢慢地开始呼吸,她被赋予了生命,成了一位真正的美人儿。

"这时候,他的三位哥哥从灌木丛中跑了出来,他们奔向那位姑娘,诉说自己为姑娘所做的一切,声称她应该成为自己的妻子。

"姑娘对老大说:'你创造了我,你就是我的父亲。'又对老二、老三说:'你们二位给了我衣服,把我打扮得漂亮,你们就做我的哥哥吧。'她转身对老四说:'而你,你赋予了我灵魂,让我爱上了生活,这辈子,我就是你的妻子。'"

听完故事后,丽莎夫人一声不吭。那虽然只是个童话,可她已经理解了艺术家的意义。

是啊,达·芬奇成功了,他的成功首先是唤醒了一位冷漠的塑像,丽莎夫人露出了神秘的微笑,那微笑从肤浅的脸上转向深沉的嘴角,调皮而令人惊异。这正是达·芬奇需要的表情,那种真正揭示女性市民心灵的微笑。

这幅画画得十分缓慢,从1503年一直画到了1507年。画家可能是故意为之,他"爱上"丽莎夫人了,他希望没完没了地画下去,这样,他就可以一直和心中的人儿相处。画家用自己的方式爱着丽莎,这是用形象和理想表达的心灵之爱。艺术家有这个权利。

但是除了爱,达·芬奇还有更为深刻的理解。丽莎夫人不是个少女,她是个成熟女性。达·芬奇想,在一个除了赚钱不知道还有其他的银行家的家中,在那富足优裕的环境中被金屋藏娇的女性,她还能够幻想些什么?未必有人能猜到。然而,当他以哲人般的思维,把他那些用故事伪装起来的知识和艺术的见解,向她娓娓道来时,丽莎夫人心灵的坚冰慢慢地融化了。她那懒于思索的脑海和沉睡多年的心灵被唤醒了,她那习惯于领受丰裕物质享受而变得迟钝的求知欲,第一次获得了精神食粮。她把达·芬奇的话当成了神的启示。她已经看到了彼岸的丰富多彩,而又无法摆脱对此岸已经定型的生活方式的依恋,这使她脸上的神秘微笑中带着几分困惑,几分迷惘,使这神秘的微笑充满更加复杂的情绪。

不时有艺术家和爱好者来访,他们看到了日臻完善的《蒙娜丽莎》(蒙娜是意大利语中"夫人"之意),都非常兴奋。

"哦,莱昂纳多,你用了什么样的魔法把这个女人画得如此栩栩如生?"

"是的,她好像正在呼吸。"

"是的,是的,那活生生的皮肤下,好像有流动着血液的血管。"

"她笑得多么奇妙,那是转瞬即逝、神秘莫测的微笑……"

"她好像正想说出什么来,但是最终没有开口。"

"哦,莱昂纳多会帮她说出来的。"

"那背景里的空气,湿润的、轻烟似的,多么奇妙呀!"

《蒙娜丽莎》的成功,对于达·芬奇最现实的意义是让他收到了无数订单,但令画家痛心的是,主要的订单都来自佛罗伦萨以外的公国,画家又得上路了。此事一经张扬,马上引起了佛罗伦萨市民的愤怒,在他们的理解里,著名画家应该属于故乡,他必须为故乡服务。人们开始翻他的老账,他们不能原谅他的高傲、自负、沉静的态度,不能原谅当初他对米兰的向往,不能原谅他受到米兰大公路德维柯的赏识,不能原谅他把《最后的晚餐》画到了异乡客地。

于是佛罗伦萨市政厅正式通知他,他必须先留下来,完成本市政府委托给他的订单,佛罗伦萨人享有画家的优先"使用权"。

五

1503年，拉斐尔·桑蒂在米开朗琪罗开始创作《大卫》的时候，悄悄来到了佛罗伦萨。以后的美术史学家颇为这一年感到庆幸，因为欧洲文艺复兴最杰出的三位大师已经汇集在这座名城，在后人的感觉里，仿佛他们会联手做出一些大事。然而这一年，拉斐尔只有二十岁，在画坛上还一文不名；米开朗琪罗二十八岁，正为家境困顿而寻找工作；而达·芬奇，他已经是五十一岁的老人了，他带着《最后的晚餐》的荣誉，并即将开始《蒙娜丽莎》的创作。他们在同一座城市里，但不能相提并论。

从佩鲁贾到佛罗伦萨，这是一次千里迢迢的远行，也是一次从小城市到大城市的"盲流"，二十岁的拉斐尔显然带着他如烟一般的梦想，来到这个人文荟萃之地，他需要有现实生活的依托。他想到了他父亲的"神弟"，那时候，巴多罗明奥修士因为怀念萨佛纳罗拉，已经来到了佛罗伦萨。这个矮小瘦弱、面带病容的教士，拉斐尔曾经管他叫叔叔，他就在圣马可修道院供职。拉斐尔找到了他,他们十分高兴地见了面。他了解并理解拉斐尔的创作渴望。他把年轻的拉斐尔带到了自己的修室,让他安顿下来,然后让他看正在绘制的一幅小圣母像。

拉斐尔离开圣马可修道院后径自去了市政厅,他在迷宫似的街道和那些巍峨的宫殿之间穿行,他一边观看沿街的教堂钟楼和宫殿塔楼,一边不时地停下来琢磨那些屋檐下精美的浮雕。他就这样边走边看,前去求见索德里尼执政官,因为他离开乌尔比诺的时候,格维多巴多公爵的妹妹给了他一封推荐信。

皮埃耶罗·索德里尼得到通报后派人接待了拉斐尔,但是他本人并未露面,他让秘书告诉来自乌尔比诺的年轻画家,他昨天接见大使,今天又要开会,是否请他明天再来。拉斐尔觉得很奇怪,著名的佛罗伦萨怎么也会像乌尔比诺那样的低效率,一切机构拘守着规范的礼节,实质却是冷漠的应付。第二天拉斐尔准时到达,然后是没完没了的等待,所幸终于轮到接见他了。索德里尼傲慢而隆重地拆开了那封推荐信,他读出声来:

"来人是乌尔比诺画家拉斐尔·桑蒂。为了使自己的才能更加完善,他意欲在贵城逗留一段时间。来人品质卓越,我们就像喜欢他的父亲——他是当地一位著名的画家——一样喜欢他的儿子。谨祈您的帮助和留用。您帮助他,也就是帮助了我,我将永远感谢您。"

索德里尼读完信后,认真地折叠起来,然后把年轻的画家打量了一番。"好的,"他最后说,"我会考虑公爵小姐的愿望,在我需要你的时候，会让秘书通知你的。"

把拉斐尔送出来时，执政官突然问："你的老师是谁？"

"先是我父亲，然后是蒂莫特奥和佩鲁吉诺，殿下。"

"佩鲁吉诺？"听到这个名字，执政官的脸色似乎温和了许多，"那好吧，如果我需要你，会通知你的，桑蒂先生。"拉斐尔感到莫大的失望。与佛罗伦萨的执政官相比，乌尔比诺公爵显然要谦和多了。现在，他只渴望能见到艺术圈里的人，他想到了自己敬爱的老师佩鲁吉诺。

"啊，拉斐尔，怎么是你呀，"佩鲁吉诺叫了起来，"见到你我有多高兴。我知道你一定会来找我的，一定会。"

拉斐尔说："老师的画室这么宽敞，真是不一样了。"

"饿了吧，我们先吃点什么？"佩鲁吉诺没有一点大师的架子，他总是那么和蔼可亲，"坐吧，坐吧，你知道，我吃得很随便，我们将就着吃吧。"

仆人端来了并不丰盛的午饭。拉斐尔吃了一块烤羊肉，老师又给他添了一些，自己喝着一种便宜的酸酒。

"没什么好垂头丧气的，孩子，"佩鲁吉诺说，"意大利需要艺术家。这个执政官是个傻瓜，他白白放走了一个天才。他有的是钱，而且他还会说，是他给了你荣誉。要知道，年轻画家尽管才华横溢，但是价钱不会很高。哦，拉斐尔，你还不懂人情世故，慢慢学着点儿吧。"

这时候，一个留着大胡子、神色安详的老人走进了画室。

拉斐尔看到了他充满自信的眼睛，暗红色的斗篷把他的脸衬托得更加苍白。

"你好啊，彼得罗。"来人发出雄浑悦耳的男中音。

"啊，莱昂纳多，"佩鲁吉诺惊喜地叫了起来，"你的光临是多么令我荣幸的事呀！哦，这就是我昨天刚与你说到过的拉斐尔·桑蒂，一个非常有前途的青年画家。他要在佛罗伦萨待上一段时间。"

"哦，那太好了，"莱昂纳多说，"关于你，佩老跟我说了好多，好好干吧，你会有辉煌的成就的。"

佛罗伦萨人称自己的老师为"佩老"，这使拉斐尔十分高兴。

"我说拉斐尔，"佩鲁吉诺问，"你在这里干点什么好呢？我的孩子，你总得生活下去呢。"

"好在佩鲁贾有我开设的一个画室，现在我的学生在那里经营……我希望能找些事情做，在这里住下来。"

"工作是不必愁的，圣母会帮助你，"佩鲁吉诺说，"而且要记住，你就是自己坚强的支持者。拿起画笔，我领你去一个地方，那里集聚了佛罗伦萨一大批优秀画家，达·芬奇也会到那里去的。"

"是的，我喜欢多听听年轻人的意见。"莱昂纳多说。

佩鲁吉诺带着拉斐尔来到了安奥罗画室，对于年轻的佛罗伦萨画家来说，这真是一个好地方。年轻人的欢声笑语充盈其间,他们在那里画着,谈着,讨论着各自的作品。

佩鲁吉诺一进去,就接过人家的话头说:"对,只求耕耘,不问收获,把前辈大师的意见带到这里来。孩子们,我向大家介绍一位新伙伴——拉斐尔·桑蒂,他是一只羽毛丰满的小鹰,我的孩子,请大家支持他。"

不一会儿,拉斐尔就和画室里的人混熟了,不,他就是这里的一位成员。这些年轻的艺术家并不是画室主人的学生,他们只是借这块宝地,形成了自己的沙龙。

安奥罗,这位画室的主人高声地嚷嚷着:"嗨,来了新伙伴,我们都暂停争论,来好好地干一杯吧。"

人们都凑拢了过来,餐桌上摆满了大伙凑钱买来的酒和冷盘。他们都是一些在佛罗伦萨排得上名的年轻画家。

"朋友们,让我们为佩鲁吉诺、莱昂纳多·达·芬奇这些佛罗伦萨涌现出来的大师干杯。现在,上帝又为这座城市送来了年轻的、已经有了自己艺术个性的拉斐尔,让我们为他干杯。"有人提议道。

一位青年画家叫了起来:"别忘了米开朗琪罗,那个制作《大卫》的米开罗。哎,这人总是郁郁寡欢,像是在办丧事,可是他雕刻的手法,确实是另辟天地的。"

"那还用你说,他是我父亲的学生。"说话的青年叫里多力福·吉兰达约,他是米开朗琪罗的老师吉兰达的儿子。

他们在谈话中充满了对达·芬奇的赞誉,有人甚至把他听

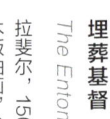

这幅作品源于现实生活中的一出悲剧,用圣母告别儿子的主题表达家族成员对死去亲人的哀悼和思念,希望消除家庭成员之间的仇恨,同时也为以往所犯的罪行赎罪。

埋葬基督
The Entombment
拉斐尔,1507年
木版油画,184厘米×176厘米
罗马博尔盖塞美术馆

到的达·芬奇谈话的记录整理出来,当众宣读着:

"你们都听哪,莱昂纳多这样说——年轻画家应当先学习透视,然后临摹名家的素描……然后对着模特写生,这样,他的基础就会扎实牢固。然后再用些时间研究一下各种不同流派大师的原作——你们可在听着——孩子们,你们是否急躁而违背了这些程序?要记住:Promuovere e dare sono due cose differenti(意大利语:许诺和给予,那完全是两码事)。"

拉斐尔很兴奋,他觉得这里正是他向往之地。可能许多谈话对佛罗伦萨的青年画家来说是老生常谈,但是对于刚从乌尔比诺来的拉斐尔,有很多话让他有醍醐灌顶的感觉。

一个身材不高的人披着破斗篷悄悄地走进了画室。他脸色哀伤,黑色的眼睛里闪烁着忧郁的光。尽管他多次提醒自己,不要到这个特别的俱乐部来,但除了诽谤、闲言和无聊的高谈阔论外,这里也确实能听到许多真话。有时候,孤独使他难受,所以他还是常常来到这里。

"喂,米开罗,"里多力福发现了他,"来得太好了,快来喝一杯。"

"不,"米开朗琪罗轻声说,"我是来找一个人的,他不在。"

"米开罗,这是新来的,拉斐尔。"有人说。

拉斐尔站了起来。米开朗琪罗看了看拉斐尔,就像一个陌生人那样扭头出了门。

里多力福气坏了:"哎,真是个怪人。不过请注意,这是一

金翅雀圣母
Madonna of the Goldfinch
拉斐尔，1506年
木版油画，107厘米×77厘米
佛罗伦萨乌菲兹美术馆

拉斐尔采用了金字塔形来摆放三人的位置，画中的金翅雀代表耶稣受难。根据传说，当金翅雀从受难的耶稣头上衔取荆棘时，耶稣的鲜血沾到了它的头上，变成了独特的红色斑点。

个怪天才，一位大师。"

披着红斗篷的莱昂纳多出现了，人们立刻欢呼起来。

"来吧，大师，我们一起来干上一杯。"

"孩子们，饮酒要适度。"他看到了拉斐尔，"怎么样，已经和大家混熟了，拉斐尔？"

"我们都是好朋友了，大师。"拉斐尔谦恭地说。

没几天，拉斐尔就成了安奥罗画室的常客。他是一个平易近人的人，时常与大家交流思想，讨论构思。这个从乌尔比诺小地方来的青年，却常常说出让人大出意外的见解，这使得大家很快就对他另眼相看。佛罗伦萨的艺术资助人也常常出没于此，不多久，这些人就争相邀请拉斐尔到自己的府上做客，于是拉斐尔很快就成了收藏艺术品的塔杰依的座上宾。从他们那里，拉斐尔能不断收到订单，这不但有益于他在这座陌生城市里的生活，而且对于佩鲁吉诺的画室来说也同样重要。

已故的格里冯涅托的伟大母亲阿塔兰塔·巴廖尼特别邀请目睹了佩鲁贾那场疯狂大屠杀的拉斐尔为她作了一幅纪念性的绘画，拉斐尔接受了订单。他用了三年时间，绘制了一幅《埋葬基督》。画中有三个形象，耶稣的形象取材于格里冯涅托；抹大拉的马利亚取自受到诬害的兹诺维亚；而毫无表情扑向垂死儿子的圣母形象肯定就是出自阿塔兰塔。

才华横溢的拉斐尔越来越受到人们的尊敬。他与艺术资助人洛伦佐·纳兹成了莫逆之交，后者是一位真正的艺术内行。拉斐尔与洛伦佐的儿子巴蒂斯塔也是好朋友，年轻人在一起，更有一种亲近感。秋天的佛罗伦萨郊外是美丽的，葡萄收获的季节，漫山遍野都是优美的民歌和金丝雀的和鸣。这种景象激发了拉斐尔的灵感，他的《金翅雀圣母》画成了。和拉斐尔这时期别的作品一样，这幅画画得轻松愉快，充满了激情。圣母手中的孩子正高兴地接受施洗者送他的金丝雀，这三个取材于《圣经》的人物都是披着圣衣的真正的人，画面充满了一种全新的、生活气息浓郁且非常写实的感觉。纳兹和巴蒂斯塔都欣喜若狂。

但是，不管是画家本人，还是两位艺术资助人，都没有预料到这幅名作将面临什么样的命运。

在二十年后一次狂暴的秋雨中，纳兹家上方的圣卓尔卓山发生了塌方，在暴风雨中飞流而下的泥石流淹没了纳兹家的美丽建筑，他们收藏的所有艺术品全部毁于这次意想不到的灾难。

巴蒂斯塔冒着生命危险在废墟上挖掘着，他不在乎任何珍贵的财产，一心寻找着那幅《金翅雀圣母》。他终于找到了，但是画作已经支离破碎，面目全非。巴蒂斯塔以非凡的毅力和技巧，把那些艺术碎片收集在一起，再把它们一一黏合起来。他修复了这幅名作。现在，这幅《金翅雀圣母》依旧保存在佛罗伦萨著名的乌菲兹美术馆里，供世人瞻仰。

第 六 章
1504—1508

阿诺河之波

你如果要做一个艺术家,

你要牢记:

必须开阔你的胸襟,

务使心如明镜,

能够照见一切事物,

一切色彩。

——莱昂纳多·达·芬奇

一

　　现在，佛罗伦萨市政厅要讨论到底该把《大卫》放置在什么地方了，他们已经认识到这确实是一件重大的事。

　　原因就是，米开朗琪罗的这件作品在故乡引起了轩然大波。

　　1504年的佛罗伦萨，有许多人还带着明显的偏见，他们憎恨希腊式的古典艺术。漫长的中世纪禁欲主义在欧洲对人们的影响是深刻的，这毋庸置疑，人们对于裸体、对于直接诉诸感官的表现形式所采取的排斥态度十分强烈。很多中国读者一直以为裸体所表现的人体美是西方艺术的传统，那就大错特错了。文艺复兴这一运动之所以被称为"复兴"，首先是佛罗伦萨的艺术家们借助古希腊艺术的样式，也就是以颂扬人和人体之美的艺术表达样式，来抒发自己对于人的发现、理解和重视，他们针对的正是漫长的中世纪对于人的蔑视和否定。他们要为自己先知先觉的认识找到形式上的依据，即人体美这一古希腊和古罗马的艺术传统，现在我们有责任来复兴它——于是这场表现崭新人文主义意识的运动，恰恰以一种对于传统"复兴"

的面目出现，这多少会减少艺术家在传统面前的压力，也为接受者减轻心理压力，因为人的理性一旦形成，它就会十分顽固地管束自己的情感与审美情趣。

反正当时佛罗伦萨的许多市民都认为，《大卫》这座朝气蓬勃的青年裸体雕塑本身就是大伤风化之作，更何况执政者要把它作为城市精神的象征而公诸大众，那实在是太厚颜无耻了。

"裸体，你们知道吗，那是多么下流的东西。你能容忍自己的女儿去窥视一个青年男子洗澡吗？"

"是啊，现在这个赤条条的男人要大模大样地走到街上来了，这叫姑娘们如何抬得起头呀？"

"圣母啊，这个健壮的赤裸者，那会勾起多少女人对他想入非非，这样一来，社会还能安定吗？"

"你是最需要警惕的，我看你老婆本来就不怎么样，这下可好了……"

"去你妈的，你最好叫米开朗琪罗那小子雕一个姑娘的裸体，让你去发挥丰富的遐想吧！"

"米开朗琪罗？那小子一定是疯了，我想应当举行全民公决，把那个家伙绑到火刑柱上，就跟萨佛纳罗拉一样。"

……

巨大的雕塑矗立在制作它的工棚里，喜爱者、好奇者、伪君子、卫道士都跑去观看。有人暗暗地赞扬，有人破口大骂，还有人干脆捡起石块扔了过去。

我们可以指责索德里尼执政政府的低效率、不是艺术内行或者其他种种不是，但有一点还是应该称道的，那就是当时的佛罗伦萨市政厅对《大卫》采取了积极的肯定态度，执政者毕竟受到了强劲的人文主义之风的洗礼，他们在艺术观念上走到了整个欧洲的前列。执政者下了命令，不允许破坏艺术品，他们派出了大批的保卫人员，昼夜守护在《大卫》的周围。

米开朗琪罗没有预料到人们的反对态度如此激烈，他站在远处望着挤成一堆的激动的人群。

"不可能吧，"他想，"人们怎么会拒绝如此美好而健康的作品呢？"

他的弟弟慌慌张张地跑了过来。

"你来干什么，哲斯罗多？"

哲斯罗多脸色苍白，他结结巴巴地说："快躲一躲吧……米开罗，他们……正在商量，他们要杀死你。"

"真的？"米开朗琪罗苦笑了一下，"傻瓜，想杀我有那么容易？我的雕刻刀也是武器呀。我真的不明白，到底什么样的艺术品才合他们的胃口。"

哲斯罗多说："有人说，再大胆放任，放任到《蒙娜丽莎》那还像话。还有人说，你们看看《蒙娜丽莎》，那才是伟大的艺术品呢！"

米开朗琪罗脸色一沉，"呵，我终于明白了。"

米开朗琪罗想到了达·芬奇，想到了他的《蒙娜丽莎》。

"难道我抢了他的风头？"米开朗琪罗想，"是啊，他是成名的大师，他就不会把我的《大卫》看成是对他的挑战？没什么，我就是想挑战，他被我战胜了。不，没有战胜，《蒙娜丽莎》也是非凡的作品，这我可以凭着圣母的名义起誓。但是那也没有理由要煽动人们对我的《大卫》不满呀，狗屁的莱昂纳多，老子就敢肯定，一定是你这个老东西在作梗！"

"你明白什么了，米开罗？"哲斯罗多问。

"我明白什么了？我明白了有一只老疯狗，他在疯狂地向我扑过来。"米开朗琪罗咬着牙说。

市政厅决定接受《大卫》，这不但是索德里尼的见解，更是那些富有的艺术资助人的见解，正是他们的态度巩固了执政者的信心。这件作为城市精神象征的艺术品到底该放到什么位置，这倒是一个大问题。

"这个嘛，"执政官反复斟酌着，"我想应当成立一个委员会，让最有权威的艺术家和专家们来决定吧。"

执政官把烫手的山芋一脚踢到了艺术家们的面前。

大家很快成立了一个委员会，所有佛罗伦萨名扬四海的艺术权威，莱昂纳多·达·芬奇、波提切利·柯西莫、菲力普·利皮、建筑大师桑加罗兄弟都是这个委员会的成员。

米开朗琪罗想："老家伙进了委员会，那还有我的好果子吃？"但是他不吭声，他想看看再说。

这些天，米开朗琪罗更加沉默寡言了。这个二十九岁的年轻画家胡子拉碴的,看上去像个四十来岁的人。这不仅仅是因为他在艺术上的挫折,也因为他的家境。老镇长一家除了年轻的大师,实际上都是无能之辈,赚不到钱,他们的眼睛都盯着老二。家里没有了女主人,进门就看到一片狼藉,让人心烦。在这个家庭里,米开朗琪罗找不到有共同语言的亲人。每天他都不声不响地出门,也不声不响地进门,他的脾气越来越古怪了。古怪与苍老使他本来就有些职业性的佝偻显得更为严重。这一点,他的弟弟哲斯罗多提醒过他,他说:"米开罗,你别佝偻着,这样会见老的。"

他却说:"好,老得好。"

是的,他太年轻了。与达·芬奇相比,他们在才气上不分上下,作品本身难分伯仲,他们的差距就是年龄与成熟。年轻使米开朗琪罗产生深深的自卑,他想:"啊,我为什么不早出生三十年呢?我要是早生三十年,那老家伙还能威风吗?人们的赞誉自然就该是我的了。是啊,人老了多好,老人的年龄本身就是资本啊!"

米开朗琪罗确定了自己最后的态度,他决定冷眼旁观,什么也不说,他就想看看,这个刁钻古怪的莱昂纳多·达·芬奇,究竟要拿他怎么办?

二

艺术委员会的全体成员来到了制作《大卫》的工棚。

棚子边上站着戒备森严的警卫，几天来，他们根据市政厅的要求进行昼夜不停的巡逻。这些警卫都是经历过萨佛纳罗拉动乱的人，他们知道中世纪教会意识和禁欲主义的复辟会是一种什么样的结局。在萨佛纳罗拉时代，人们在丧失理智思考的情况下无情地毁坏艺术品的行为，在佛罗伦萨民众的记忆里仍历历在目。尽管有严密的保护，在黑暗的深夜里，仍然发生着投掷石块的事件。

达·芬奇第一次看到米开朗琪罗的《大卫》，他被艺术品表现出来的精神和气势惊呆了。

"哦，如果这不能称为杰作，那么世界上还有什么样的杰作呢？"莱昂纳多喃喃地说。

"是啊，艺术家才只有二十九岁。"安东尼奥说。

"意大利的艺术，那才有希望呢。"达·芬奇由衷地说，"年轻的大师不断地涌现，这是一个民族艺术最有生命力的象征。

呵，二十九岁，他的才能还可能使他更早地成名，恐怕又是生活所迫吧，这使我想起了我们这代艺术家的共同遭遇。"

"我认为，应该把它矗立到市政厅广场上去。"建筑师朱里阿诺说，"那是佛罗伦萨最令人瞩目的地方。"

"那不是已故的预言家接受火刑的地方吗？人们忍受不了悲哀……哦，这样一丝不挂的作品会使他们难堪的，圣母啊……他们会说，佛罗伦萨要沉溺于淫荡了。"波提切利不安地说。

实际上，这就是整个城市议论的中心话题。波提切利的话结束后，委员们一时竟没有了声音。

"我说，各位艺术家，"莱昂纳多清了一下嗓子，"我们凭什么位列这个委员会，那是因为我们是真正的艺术家。艺术家的目光首先不是代表个人，而应该是时代的目光，能够看到芸芸众生尚未发现而必然会发生的时代方向，他就用艺术的语言发出呐喊。不是吗，各位？如果我们过于顾虑民众当前的觉悟，过于媚俗，我们还能完成自己的使命吗？《大卫》是一种精神，一种佛罗伦萨人渴望胜利的精神，它为什么不能放在公众最瞩目的中心广场上呢？难道还有什么地方能比这里更适合表达人民的这种渴望吗？"

一阵长长的沉默，没有人发表新的意见。

"莱昂纳多，"波提切利说，"我佩服你的见解。然而，你也知道，这件雕塑的作者是米开朗琪罗·波纳罗蒂，这……"

"说白了,现在有些流言,在以为我反对这一作品的那些人中间起了作用,"莱昂纳多忽然大笑起来,"这有可能吗?我,达·芬奇,难道是把艺术与恩怨搅和在一起的人吗?米开罗只是个孩子,他还不到三十岁,但是他的前途远非我们可以企及的。我们凭什么对他的作品给予评价?先生们,评价的第一要素就是公正,公正的全部依托,就是艺术家的良心。当我们对某一件作品做出评价的时候,这件作品也对我们的良心做出了评价。"

《大卫》的选址最后就这样确定下来了,整个意大利都在谈论它,这座雕像在市政厅广场屹立了四百多年,它成了佛罗伦萨的象征,也成为欧洲文艺复兴运动最好的一座纪念碑。

米开朗琪罗听到了选址确定的全部细节,他很纳闷,心想:这老头的葫芦里,到底卖的什么药呢?

米开朗琪罗以他美丽的《大卫》给佛罗伦萨留下了永恒的纪念,作为市政厅的订货,这件作品让他收到了四百个金币。起先他很高兴,这对于几乎断炊的家庭无疑是一大补偿。可是不久,他又听说达·芬奇为市政厅绘制的壁画,每一幅有一万个金币,他的心中就不平衡起来。

"为什么我的《大卫》只值四百个金币?"他向市政厅提出了质问,他感到自己艺术的尊严受到了玷污。

"你说什么,波纳罗蒂先生?"执政官不解他的意思。

"我是说,为什么有些人却能得到一万个金币的酬劳?"

"哦,我年轻的艺术家,我终于明白你的意思了,"索德里尼说,"你是指莱昂纳多先生?这样,他画的是壁画,而你,则是雕塑。"

这句话把米开朗琪罗彻底激怒了:"壁画又怎么样,难道只有壁画才是艺术?我与他的最大区别大概就在于,我不会自卖自夸。既然这样,我愿意以同样的价格也为阁下画一幅壁画,您意下如何?"

执政官笑了起来:"那真是太好了,波纳罗蒂先生。我以同样的价格向你订货。"

绘制大型壁画,到目前为止并不是米开朗琪罗的所长,画壁画的主意也是他在盛怒之下信口说出的,但是既然已经作为订货,一言既出,就驷马难追了。他是米开朗琪罗,《大卫》的作者,他现在反悔了,这不是贻笑后人吗?

"哦,这个狡猾的老头,"他仿佛想明白了,"我终究是上当了,他葫芦里的药原来正卖在这里。他让我自己跳到他壁画的迷魂阵里去,要知道,他是画《最后的晚餐》的人,壁画是他的特长。"

米开朗琪罗只能背水一战了。

他从市政厅出来的时候,就看到了广场上披着红色斗篷的达·芬奇,一股无名的怒火一下涌上了他的心头。达·芬奇当时正谈笑风生地向一群在《大卫》雕像下围观的男女说着什么,他风度翩翩,姿态优雅,有一种天生的贵族气质,这又使米开朗琪罗感到愤怒。米开朗琪罗自己并不漂亮,他无法吸引漂亮女人的目光,他一直在孤独的悲哀中。

这时候他正听到达·芬奇对大家说:"这事,你们可以问问米开朗琪罗自己,你们看哪,他不正在向你们走来吗?"

这是什么意思,开玩笑吗?他,当然喽,自以为比他米开朗琪罗高贵,受到的教育高深……

敏感而小气量的波纳罗蒂突然粗鲁地大吼一声:

"你自己回答吧,你不是伟大的大师吗?"

话音未落,他就猛然转过身去,背对着莱昂纳多扬长而去,就在转身的一刹那,米开朗琪罗又补上了一句:"只有你的米兰的支持者才会相信,制作青铜的斯福尔扎雕像,还是你最称职。"

莱昂纳多满脸通红地站在广场上,他狼狈极了。

这不仅仅是一次小小的顶撞。大师之间公开的较量,一对一的较量已经拉开了决战的架势。就在这座城市最令人瞩目的中心广场上,当着那么多人的面,米开朗琪罗公然挑战了。五十岁的莱昂纳多显然激动起来,他那雍容优雅的风度再也掩盖不住内心的风暴:"好吧,好吧……我只能等着你刺出决斗的第一剑了,你来吧。"

他到底还是喃喃地咕哝着,没有人听清他的话语。

大师之间一对一较量的消息不胫而走,成为佛罗伦萨的头号新闻。在安奥罗画室里,二十一岁的拉斐尔平静地说了一句:

"他们这是干什么呢?这样做,他们都会后悔的。"

三

整座城市都在关注这两位艺术大师的较量,索德里尼更是高兴坏了。他说:"啊啊,这下好了,他们都会把生命中最光辉的东西奉献出来。是的,有时候,艺术正是在较量中迸发出生命的光芒。"

他们俩都接受了同一个绘画题材:战争。

达·芬奇选择在市政厅的乔维宫大会议厅绘制一幅《安吉亚里之战》的大型壁画,取材于历史上佛罗伦萨人和伦巴第人的一次大战,那次战争使佛罗伦萨人以胜利者的姿态取得了荣誉。而米开朗琪罗选择的则是另一场战斗——《卡西那之战》,那也是一场为保卫佛罗伦萨而付出巨大代价的浴血奋战。市政厅的统一要求是,要表达出佛罗伦萨人民的正义与无畏。

两位艺术大师都在草图上下功夫。

达·芬奇从一开始就感觉到,这件事不仅仅是画一幅壁画,他需要做的工作将会是巨大的,比如颜料的准备,要达到自己设想中的画面效果,他就必须研究新的颜料配方——在当时,

安吉亚里之战勇士头部研究
Study of a Warrior's Head for the Battle of Anghiari

达·芬奇，1504—1505
纸面粉笔，22.6厘米×18.6厘米
布达佩斯艺术博物馆

虽然看不到达·芬奇的最后完稿，但我们依旧能从这张草图中看出画家对士兵的生动刻画：怒目圆睁的眼睛和张大的嘴部，表现出摄人的气魄，也间接反映出战争的激烈。

可用的成品颜料远比现在少得多——这将会花去他创作之外的许多时间。同时，他尽可能地把草图的附图做得深入一些，考虑周全之后才开始上色。

他想描绘战场的广阔场面。在大厅的墙面上，应该表现出这场值得纪念的战役的几个大事件，但随着时间的流逝，他又感到应该简化画面，这就必须找到使画面严谨且和谐的特定表现方式。在画面的简化过程中，所表达的精神则应该更加深化。对了，战斗中的最核心事件应当是旗帜下旗手的争斗，这是两军对垒中最具有象征意义的事件。骑在狂怒马匹上的两个骑手扑向前去，要把对方的旗帜夺下来，那旗手则紧握着旗杆，他那穿着铠甲的同伴拔剑捍卫着他；两个落马的战士正从地上爬起来，投入到临死前的最后搏斗中，他们要给敌方以致命的一击。在右边，一个盾牌护身的战士，正准备直接扑向敌人的长矛，表现出同归于尽的决心。广阔的背景中，到处都在厮杀，火焰和浓烟增加了战争

卡西那之战
The Battle of Cascina
鲁伊吉·夏翁内蒂,1808年
版画,22.4厘米×37厘米
私人收藏

从这幅后人的模仿之作可以看出米开朗琪罗对健硕人体的偏好。士兵们在听到号角之时,有的急忙从河水中爬起,有的已整装待发,个个都表情严肃,战争的紧张氛围弥漫着整个画面。

的气氛。远景的厮杀也要给人以清晰的印象。总之,这种以局部事件约略说明整体的战斗,可以达到以少胜多的效果。莱昂纳多的思路完全沿袭佛罗伦萨严格的写实主义原则,他要再现当年战场的真实,给人们以深刻的崇敬。

米开朗琪罗的思考具有雕塑家的特色。"哦,我坚信,最优秀的绘画,应当最接近浮雕。"他给自己确定了一个艺术风格的基调,这就注定了他的作品将具有雕塑般的坚实。他的《卡西那之战》最后选择了战争发生之初的一刹那。那时候,战士们正在宁静的阿诺河里游泳,警报响了起来。艺术家独具匠心地表现这时阿诺河中各种游泳者的动态:一些人急匆匆地从河里游上岸来,而另一些人已经背上了武器。画家要描绘的是那批肌肉健硕、充满生命力的结实肉体,是如何义无反顾地准备投入保家卫国的殊死战斗。阳刚之美将在战斗中殒灭,而他们的精神却因此得到升华,这是米开朗琪罗构思的核心。

"雕塑之于绘画,就像太阳照亮月亮一样。"米开朗琪罗坚信自己的艺术观,他对于用赤裸的人体演绎美与象征感到无限的兴趣。

旧宫的大门向市民敞开了,为了顾及迫不及待的观众,政府首先向公众开放了艺术家的草图。艺术家和一般赶热闹的观众,以及两位大师各自的追随者都蜂拥而至,旧宫像葡萄收获节那样热闹。

"哦,不可思议。"有人议论着,"莱昂纳多显然描绘出了人类的激情在战斗时突然迸发的那种真实场景,而米开朗琪罗,他描绘了活生生的、实实在在的人,他们在警报突然响起时所表现出的细节,都是那么的真实呀!"

"是的,莱昂纳多画过多少优美的圣母,他一向以温柔和娇媚吸引人。可是这一次,莱昂纳多想以令人战栗的场面唤起观众的激动和恐惧,但是画家自己却是平心静气、从容不迫的。"

达·芬奇始终在倾听着人们的评价。他常常向他们介绍一些自己的想法:

"我想应当要这样画。你们看,大炮炮口的烟雾和厮杀扬起的灰尘融合在一起,它们之间阳光和阴影的部分并没有明显的区别。如果画一个跌倒的人,那么要看得出他是顺着裹着血污的尘土滑倒的,在泥土上那些血渍少的地方,应当看得到人和马蹄踩出的印子。向前冲的人,他的头发或者身上轻柔的东西应该是飘起的,人的眉头紧蹙,而其他的部分也有相应的动作。"

米开朗琪罗则是另一副模样。他长得不美,生性粗犷,也很少顾及行为得体,他的衣服古怪凌乱,总是穿着看上去已经完全过时的旧衣服,习惯于直言直语,他只有在和普通人交谈时才感到自在。他不介绍自己的创作意图,也不愿和人们搭讪,甚至讨厌人家的参观,他认为这样做是干扰他的工作。

"啊啊,你们有完没完,"他说,"这样喋喋不休的议论只能浪费我的时间。要我说为什么这样画,那我只能说,除了这样,还能怎样画?画人嘛,肌肉、骨骼、筋腱,向一个方向运动,不动的人是死的。就这些,不满意?抱歉,我只能说这些,我只会画,不能讲。"

人们哄然一笑,并不考虑他的友好程度,大家只为看到了一位真实的大师而感到兴奋。是的，这位大师太真实了，嬉笑怒骂皆成文章。

年轻的拉斐尔在旧宫出现了。他是跟老师佩鲁吉诺一起来的。这位处处讨人喜欢的漂亮的年轻人，在两位大师前面也深沉了。他美丽、明朗、太阳一般的表情，被乌云遮住了。他在思考，自己离他们究竟有多远。

"拉斐尔，两位画家中，你喜欢哪一位？我说的是作品的风格。"佩鲁吉诺问。

"老师，请你相信我，这两位我都喜欢。如果我只对莱昂纳多先生优秀的个人品质表示敬意，那么显然对波纳罗蒂先生是不恭敬的，那我在心里会感到不安。"拉斐尔说。

"但是我看得出，你对于米开朗琪罗表现的尖锐性似乎并不以为然，或者说你更倾向于莱昂纳多的那种细腻多彩。"佩鲁吉诺说。

"不，老师。我只是一直在考虑，如果这一题材由我来画，我将如何处理。"

"那是对的，拉斐尔，"老师热切地看着他，"你遇到这种情况的日子不会很远了。"

在这场艺术比赛中，谁也不是胜利者，或者说谁也没有失败。他们的草图都是那么完美和富有个性，两位艺术家都有高出对方一筹的地方。不过一旦进入创作的状态，这两位大师实际上就都忘却了比赛的说法。达·芬奇感到，那只不过是一时的冲动；而米开朗琪罗也已经后悔自己的鲁莽，他在心里对自己说，哎，太小家子气了。余下的想法两人完全一致，那就是如何把自己的那幅壁画画得更好。

莱昂纳多开始向画面上色了，但是他终于遇到预先想到过的问题，那时候，油画的颜料种类是极为稀少的——赭石、土黄、群青、橄榄绿、象牙黑以及石垩白——就是无法达到达·芬奇预想的效果。在他的想象中，画面应该极其透明，空气虽然充满烟尘，但是画面上的天空应当依旧透明而辽远，这是一种阳光下的战争，但是目前的颜料无法达到这种效果。他必须自己制作颜料，他可以从植物、动物或者矿物中提取新的颜料，而且要充分考虑物性，颜料之间的那些微妙的化学变化，要不然，它们在一段时间后可能就会变色，或者变成黑色，这是绝对不行的。因此，莱昂纳多只能暂时停止了绘画，他得先去试验颜料。

其实两人从开始创作起，就没有看到过对方的画面。达·芬奇离开后，米开朗琪罗忍不住跑了过去，他第一次站到了达·芬奇的《安吉亚里之战》的前面。哦，米开朗琪罗被那恢宏的画面深深地震惊了，他感动了。这是大师对大师的理解，那种只有他才能理解的笔触间的稀世伟大。

"这是大师之作，绝对是大师之作。"一种深深的敬佩之情在米开朗琪罗的心中油然而生，"这样的大师，他何惧一座《大卫》的挑战呢？他有的是能力，表现自己天才的能力。看起来，我确实想多了，多么惭愧呀！"

他重新用温和的目光打量着另一位大师的作品，越看越体会到其中的精美之处。他很想找一个机会与莱昂纳多好好地聊聊，他们应该有同一层次的对话。也只有他——达·芬奇，才可能与他有那么多艺术的共同语言，可是达·芬奇一头钻到了自己的实验室里，他在试验自己的新颜料，一直没有再回旧宫。

不久，米开朗琪罗接到了教皇儒略二世的邀请，要他立即赶往罗马。他只好抛开还没有上颜色的草图匆匆前往罗马，他没有机会再向达·芬奇道歉了。

关于那两幅画的最后命运，我们只能插叙一下后事。达·芬奇没有找到他理想的颜料，他已经对这幅《安吉亚里之战》失去了兴趣，没有再画下去，只留下了那幅精美的草图和无数为了这幅创作所作的习作，而米开朗琪罗的《卡西那之战》也仅仅留下了草图。1512年，美第奇家族重返佛罗伦萨政坛，民众再一次处于骚动之中，两幅未完成的杰作都毁于动乱。至于《卡西那之战》又另有说法，有人传出消息，说是艺术家班迪内利出于对米开朗琪罗的忌妒，趁兵荒马乱之际偷偷潜入了旧宫，然后用短剑将草图划成了碎片。只有米开朗琪罗同时代人对壁画的几幅临摹素描，提供了关于这幅天才作品的某些印象。

四

参观完两位大师公开的草图,看到喧闹的人群渐渐离开市政厅,执政官目睹了佛罗伦萨多年未曾出现的热烈,他很感动。这些人群,他们不分男女、不分贫富、不分贵贱,也不分艺术家和一般的市民,人人脸上挂着兴奋的红晕。两位大师各自的崇拜者相互争执着,诉说着各自的理由,希望自己推崇的大师更胜一筹,但是争来争去,都没有足够的理由说服对方。有人说话了:"争什么呀?都是我们佛罗伦萨的艺术家。"

社会崇尚艺术的风气深深地感染了拉斐尔,他为自己的事业受到大众的理解和推崇而感到兴奋。拉斐尔和佩鲁吉诺在走出市政厅大门的时候,遇到了同样来看画的艺术家和艺术资助人,这里有纳兹、塔杰依,还有从佩鲁贾来的拉斐尔的朋友艾乌泽比奥。

"我们应当聚一聚,"有人提议道,"今天是艺术家的节日。"

"对,就到安奥罗画室。"有人立刻响应。

安奥罗料到人们看完展览后一定会来他的艺术沙龙,这位骨骼粗大的画家早就等候在他的画室门口,大老远就摇着手叫着:"哦,伙计们,你们看吧,为了表示对莱昂纳多和米开朗琪罗的敬意,我已经把这里打扮一新了,连门口都插上了旗帜,我想绝不会比公爵们的展览差劲的。"

人们几乎是跳跃着走进了这个经常聚会的艺术沙龙。

画室的仆人抬出了一只大蛋糕。在一圈明晃晃的蜡烛包围下,蛋糕的中心塑着两个女性优美的造型。

"哎,这是什么呀,安奥罗?"

"难道你们就看不出来吗?这是……"

"不不不,你这个家伙,怎么想出来把空气和海浪做成大蛋糕,就这样来庆贺我们两位光荣的大师?"

"岂止空气和海浪,连奥林匹斯山上的诸神也请到了,这不就是维纳斯吗,美和温柔之神?"

安奥罗憨厚地笑着:"嘿嘿,我想与市政厅战斗的气氛有一个反差,以此来向两位大师表示敬意,同时想告诉他们,在战争之外,人间还有爱情和欢乐。"

"说得好,"塔杰依叫着,"艺术家应该享受欢乐和爱情。但是你,拉斐尔,你天生一副天使的相貌,大概不需要爱神给你必要的提醒了吧,整个佛罗伦萨的姑娘们都盯着你哪!"

拉斐尔的脸红了。是的,在佛罗伦萨,不知有多少少女思恋着这个温柔的美少年,只是他想告诉大家,至今还没有明确的让他倾心的人。

华盖下的圣母

Madonna del Baldacchino

拉斐尔，1507—1508

布面油画，276厘米×224厘米

佛罗伦萨碧提宫

上方的天使拉起华盖，圣母和圣婴坐在高高的宝座之上，圣母神情温柔，圣婴调皮地左顾右盼，把玩着自己的腿部。宝座两侧站着圣人，前方还有两个可爱的天使阅读着卷轴，整个画面神圣又充满柔情。

画家们围着桌子坐了下来。他们喝着廉价的红葡萄酒，吃着淋上了调味汁的腌鸡肉，还有火腿、奶酪和拉斐尔爱吃的芹菜小饺子。和往常一样，这些食品也是大伙凑钱买的。他们一边开着玩笑，一边议论着展览上的草图，各有各的评价。

这个看上去五大三粗的安奥罗有很好的记忆力，这时候，他记起莱昂纳多在展览中对大家说过的那些话，他背诵般地重复着达·芬奇本人的诉说：

"应当记住，在没有色彩的素描上，所有的形象都应当是活灵活现的。让我们面壁而立，来构思那幅画，我们不仅会注意到战斗中的人和马，那些富有特征的动作，而且，还会去注意扬起的灰尘。对，我说的是应当怎样画灰尘。任何动物在它奔跑的时候所扬起的灰尘，如果处于太阳和眼睛之间，那么扬得越高，它就会越明亮。——噢噢，不管米开朗琪罗有多么高明，在这一点上，在描绘灰尘上，他是无法与莱昂纳多比的。"

"你有完没完？"纳兹说，"老是灰尘灰尘的。"

艾乌泽比奥凑近拉斐尔，问道："说实话，两幅草图你喜欢哪一幅？"

"我？"拉斐尔说，"都是杰作，然而从技法上的偏好，我还是倾向于莱昂纳多老师的。"

只有佩鲁吉诺一直默默地坐在一边没有吭声。他默默地喝着酒，目光中透出了一丝忧伤。是的，就在不久之前，他的名声还震动过意大利，他是一个画派的掌门人，桃李满天下。可

格朗杜卡圣母
Granduca Madonna
拉斐尔，1505年
布面油画，84厘米×55厘米
佛罗伦萨碧提宫

是从今天起，他明显地感觉到自己的影响力削弱了，他清醒地认识到，自己已经落入第二流的行列。正如一棵参天巨树，人们不是看着它的树龄，而是关注每年春天来到的时候，它还能不能继续长出绿芽来。啊，新的创作，标志着艺术高度的创作，那才是画家艺术生命的标志。达·芬奇和米开朗琪罗，他们又长出了蓬勃的新芽，拉斐尔也会急起直追的，可是他，他知道自己就像金属蒙上了锈斑，越来越暗淡。哦，无情的岁月，大江后浪推前浪啊。

年轻的拉斐尔注意到了老师的心情，他投去了关注的目光。他的目光触到了老师炽热的眼神。

佩鲁吉诺咳嗽了一声，用干渴的嗓子轻轻地说："孩子，这下看你的了。"

说完，他把杯中血色的红葡萄酒举了起来，望着它，然后一饮而尽。

佛罗伦萨给了年轻的乌尔比诺画家以一种在佩鲁贾所没有的感受。他如饥似渴地吸收着大师们的丰富营养。孤僻

圣母轻柔地抱着耶稣，低垂的眼帘流露出满满的慈爱。在阴影和光线的处理上，多少能看出来自达·芬奇的晕图法的影响。

的米开朗琪罗不常去安奥罗画室，因而也很少与拉斐尔接触，这使他没有卷入两位大师之间的芥蒂，他很庆幸。他把可能得到的米开朗琪罗的素描拿来一一分析，他在平时比较注意达·芬奇的作品和风格，那种烟一样的轻柔，这是他所喜欢的，但是对于米开朗琪罗雕塑般的坚实，对于这一位大师的理解，他还得补补课。

佩鲁吉诺画室源源不断的订单，让拉斐尔有了更多的创作机会。这时候，佛罗伦萨还不太承认他的绘画，达·芬奇和米开朗琪罗的英名掩盖了这颗正在升起的新星。他有更多的时间来琢磨那些创作技巧，并逐渐强化自己的风格。正因为他暂时还不是公众关注的人物，因而他有更多的创作自由，可以不完全按照订单要求，作一些自由自在的画。他充分利用佛罗伦萨能提供的一切，深入研究解剖学和透视法，研究色彩及其在画面上的效果。更重要的是，他悉心观察和研究自然界以及这一新的环境中人与人之间的关系，尤其是女性与社会，以及母子之间的关系。他对于母性形象的美学意义有着独特的理解。他在佛罗伦萨圣神大殿所订的《华盖下的圣母》中，明显地表现出这一属于拉斐尔自己的理解。

这一时期虽然是文艺复兴的全盛期，然而从绘画的题材而言，《蒙娜丽莎》这类对真实人物的描绘毕竟还是少数，更多的仍然是那些众所周知的《圣经》故事。这一点用不着奇怪，因为画家是根据订货来确定题材的，他首先是人，然后才是画家，他需要保障生活。当然，得到艺术资助人的解囊那又另当别论。但是大多数资助人实际上是富裕的收藏家和大画商,他们也只是批发式的进货而已。文艺复兴时期的画家们最可贵的一点,就是借助宗教题材描绘人的故事。在这一方面,拉斐尔显然是一位成功的实践者。

拉斐尔以一系列的圣母形象逐渐成名。在宁静的性格表面下,这位从小失去母亲的孩子,其心灵无时无刻不在呼唤着母爱。他在对一大群人的观察中会自然而然地瞄准母性,体察她们面对孩子时的那种善良、温柔、无私、随时准备奉献一切的血缘亲情。他实际上在用这种形式圆着自己的梦,或者可以更为直截了当地理解为,他在"画饼充饥"。在他二十几年的生活中,最能打动他心灵的形象就是母亲。这是一位多情又渴望母爱的孤儿心中的母亲,她集聚了世界上一切母亲最优秀的品质,并且将它们淋漓尽致地表现出来。拉斐尔遇到了一个特殊的时期,这一时期频发战争、动乱和灾难,整个社会也同样渴望母性的关爱,社会的集体孤独感反映出人们对于"圣母"这一形象有着强烈的心灵需求,于是拉斐尔就在"圣母"这一抽象的概念中,充满激情地融入了他对人间理想母亲那种有血有肉、真情实感的可视形象。拉斐尔作品中的圣母,就是久久地驻守在他梦中的母亲,与他自己保持着澎湃激情的理想中的母亲。

这就注定了画家拉斐尔本人就是一位伟大的圣子。

这时期他最著名的"圣母"画,就是他的《格朗杜卡圣母》。

五

一件带着必然性的偶然事件改变了拉斐尔的后半生。

年轻的画家与自己的故乡保持着密切的联系,他常常回到乌尔比诺。现在,他在著名的佛罗伦萨渐渐地出名了,这一辉煌成就必然会在故乡人们的传颂中变得更加辉煌。格维多巴多公爵不会放过这位早就熟悉了的天才少年,大公为了外交的需要,想要制作一件精美的礼品,于是他想到了绘制一幅画,去送给英国的国王。拉斐尔接到了大公的订货,主题出自一个著名传说《圣乔治和龙》。

拉斐尔很快完成了这幅作品。在这幅画上,乔治在那么一瞬间用踢马刺刺了一下坐骑,那匹马就高抬前腿猛冲向前。青年乔治的眼睛里闪烁着英武果断的目光,他挥舞着手中的长矛奔向一头怪物,那是传说中的毒龙。风吹起了他潇洒的长袍,毒龙发出了临死前的痉挛,再过一刻,它将在咆哮中丧命。在中景那荒野的乱石中,有一位美丽的女子,她望着勇敢的乔治,以及那丝一般柔软的马鬃。整个画面充满了一种母性温情的基调。

1506年9月,教皇儒略二世在二十二个红衣主教的陪同下来到乌尔比诺,他是在前往不太听命的波隆那巡视之前路过这里的。打扮得金光闪闪的骑士作为教皇的卫队和仪仗紧随其后,格维多巴多公爵率领全城的名流,在城堡的大门口迎接这一庄严的阵容。在广场上做完礼拜的祈祷之后,教皇前往下榻的公爵府中。教皇在乌尔比诺逗留了三天,当他确信这里的臣民对他无比忠诚后,教皇的心情好极了。

他在大公的宫殿里巡视历史上各位公爵的画像时发现了拉斐尔的那幅画。他被深深吸引了。

"这是谁画的?"教皇问。

"这是拉斐尔的作品,陛下。"大公谦恭地回答,"他就是您刚才已经看到过他作品的乔万尼·桑蒂的儿子。"

"拉斐尔在不在这里?"

"他正在本城,陛下。城堡前的那座凯旋门就是他的设计。"

"是不是那个漂亮的年轻人,那个没有胡子、长着棕色卷发的小伙子?"

"正是,陛下的记忆力好极了,您在城堡的门外已经受到了他的觐见。"

教皇久久地看着拉斐尔的绘画,公爵明白,教皇已经看中了拉斐尔,但是他没有开口提出进一步的要求。

拉斐尔二十五岁那年,格维多巴多公爵逝世了。大公死后

圣乔治和龙
Saint George and the Dragon
拉斐尔，1506年
木版油画，28.5厘米×21.5厘米
华盛顿国家美术馆

没几天，一匹快马赶到了乌尔比诺，奉教皇神圣的命令，要拉斐尔立即起程前往梵蒂冈，以便他与意大利最优秀的艺术家一起，为美化罗马而工作。

现在，米开朗琪罗已经在罗马了，拉斐尔即将动身前往罗马，而很快，达·芬奇也将前往那座伟大的城市，我们故事的主要舞台就不能不转向罗马了。

这幅画的赠送对象是英国国王亨利七世，采用了大家都耳熟能详的主题，将骑士的英勇和基督教含义结合在一起，是当时人们喜爱的一种方式。

第 七 章

1505—1513

罗马

趁年轻少壮去探求知识吧,

它将弥补由于年老而带来的亏损。

智慧乃是老年的精神养料,

所以年轻时应该努力,

这样年老时才不至于空虚。

——莱昂纳多·达·芬奇

一

米开朗琪罗在1505年3月到达罗马时,立刻受到了教皇的接见。儒略二世与他的前任亚历山大不同,在无限权欲和信仰武力之外,他还对艺术有着想入非非的见解。在梵蒂冈富丽华贵宫殿的衬托下,他那矮小的身影依旧让信徒们感到无限的神圣。战战兢兢的朝圣者只要一见到他,就会跪倒在地吻着他鞋上的红宝石十字架,他们为此而感到无限幸福。

突然,这个神秘的人物推开了那些尊贵的红衣主教和信徒,他向远方伸出了双手,高兴地叫着:

"啊,米开罗,蛰居于佛罗伦萨的大师,你终于来了。"教皇就像一位老朋友,对着米开朗琪罗绽开了笑脸,"你早该来罗马了。桑卡罗对我说过,陛下,请注意一位整个意大利也难以匹敌的天才,现在这位天才来到了我的身边。哈哈,佛罗伦萨的那些乡巴佬们,恐怕愤怒不已了吧!"

没等米开朗琪罗回答,教皇又转身对那些红衣主教们说道:"我会经常需要他,他应该在我的身边生活。哦,我要看着他在干什么,他的构思是否与我一致,他的伟大创造是否还需得到我的帮助。"

米开朗琪罗奇怪的是,教皇并没有立即让他去做些什么。按照教皇的命令,艺术家的名下有了一幢带宽敞工作室的住宅,坐落在圣彼得广场的卡捷琳娜教堂边上。教廷为他配备了助手和仆人,他的食品和酒也由教廷供应。但是,米开朗琪罗一直在那优裕的环境中无所事事。

终于有一天,教皇与他一本正经地谈了起来。

"我们考虑了一件与你能力十分相称的工作,米开罗,你现在就应该着手去建造我的陵墓,这一设计应当超过历史上,乃至新时代的一切纪念碑,你的盛名将与它一起不朽于史册。"

米开朗琪罗的心中立刻产生了一个灵感,这是一个容量十分巨大的方案,整个建筑包含四十座雕像,墓室也异常宏伟。他把设想向教皇做了轮廓式的介绍,儒略二世欣喜若狂。

"要多少钱,米开罗?"

"陛下,大概十万斯库多(意大利银币名)。"

"只十万?啊,你记着,如果需要,二十万也行。"教皇的脸上放着红光,"但是你必须立即开始工作,没有理由再拖延时间了,时间,这是最宝贵的。"

米开朗琪罗立刻出发前往克拉拉山,那里的火山地貌盛产精美的大理石。他在那里领导着开采、切割和运输大理石的工作,石匠们的生活让他重温起童年的梦想,他的整个身心已经献给了这个恢宏而勇敢的计划,心中涌动着无法抑制的创作渴望。他甚至突发奇想,想把途中看到的海边一座山崖雕刻成儒略二世的纪念像,让刚刚出现在地平线上的海船,远远地就能望见教皇神圣的身影。

从克拉拉山上运回来的大理石,几乎把圣彼得广场都占满了,一直堆到了艺术家的屋旁。教皇要求在那些堆放着的大理石中间留出一条路来,可以从圣彼得教堂一直通到画家的住处。

"哈哈,教皇想经常悄悄地过来,看看我是不是在偷懒。"米开朗琪罗想。其实他干得够苦的了,工程的设计、运作、装饰,雕塑的制作,各种各样的事情塞满了他的脑袋,他还忍受着失眠的煎熬。画家脸色苍白,形容枯槁,但是心里只想着如何使教皇满意。

"啊,米开罗,你怎么停下了自己手中的凿子?"教皇对于巨大的岩石纪念碑想入非非,他已经迫不及待了,"你们应该立刻着手开凿那座山崖,你的梦想在我的支持下必须实现。"

这时候,米开朗琪罗还没有揣摩清楚儒略二世的禀性。这个人反复无常、缺乏耐心、变幻莫测、一意孤行,他的心思根本就无法揣度。有意思的是,他和米开朗琪罗具有的共同点就是,这两个激情型的人都不知道这项宏大工程的底线到底在哪里。有时候,教皇说翻脸就翻脸:

"听着,如果你再不根据我的时间表行事,我将把你赶走。"

"好吧,那我这就走,不必劳你大驾。"米开朗琪罗一有气,就不再在乎你是不是教皇陛下了。

"什么?"教皇急了,"米开罗,你辜负了我的厚望。好吧,我赐予你一个权利,什么时候你想见到忏悔牧师,我都给你这个方便。这权利,只适用于对我最忠心耿耿的人。"

还不到一个月,教皇的宏伟计划全变了,他有了新的主意。为了使他的荣誉永垂不朽,他决定停止陵墓的建造而重建圣彼得大教堂。实际上,梵蒂冈作为欧洲宗教的首都,它的全部国土只是一个圣彼得广场和一座圣彼得教堂,外加一些与教堂连成一体的零星附属建筑。教皇的想法,其实就是重建梵蒂冈。

当时,建筑师布拉曼特也在儒略二世的宫殿里。这位拉斐尔的同乡是个精明的人,他在自己的建筑领域里是个无人匹敌的天才。他来到梵蒂冈的任务就是为了教皇的圣彼得大教堂重建的设想,他是这座教堂的总营造师。

开始的时候,每当教皇说到陵墓建筑时,布拉曼特总是缄口不语,之后他也偶尔表现出对陵墓工程的某种担忧,比如能否及时竣工。有一次,布拉曼特突然直截了当地对儒略二世说:

"恕我直言,陛下,还在活着的时候就修建陵墓,这恐怕是个不祥之兆。"

布拉曼特用一种痛苦的目光打量着教皇,他知道自己这句话的分量,这个聪明人已经从陵墓的建筑中看到了教皇心头拂不去的恐惧,死亡的阴影笼罩着他的灵魂。

他知道自己的这句话对米开朗琪罗肯定是个打击,这是他刻意追求的。前不久,有人告诉他,米开朗琪罗曾经在教皇面前说到过他主持的那些建筑工程,米开朗琪罗并不隐瞒自己的怀疑。在对建筑师的艺术构想给予应有的评价后,他对建筑的开支提出了怀疑。这位画家当时还用了一句意大利的谚语:Sbaglia il prete all'altare(牧师布道也有差错)。这种极不友好的背后议论使布拉曼特受不了。

现在新的问题来了,当米开朗琪罗停止陵墓的建造,那么他们两个天才,该由谁来主持梵蒂冈重建这项宏大的工程呢?

不管如何,在前期忙碌的开采中,米开朗琪罗已经花费了大量的资金,他必须向教皇领取支付的金币。那一天,他来到教廷的大门口时,被一个仆人挡住了:

"先生,在没有接到教皇陛下新的命令前,你不能进去。"

米开朗琪罗很吃惊,他第一次遇到这种情况。

一位偶然路过的主教惊奇地问:"你知道你在和谁说话吗?这是伟大的雕塑家米开朗琪罗·波纳罗蒂,他在任何时候都有觐见教皇的权利。"

"主教大人,"仆人说,"我知道得很清楚,所以我才敢这样说。"

米开朗琪罗愤怒了,他吼了起来:"你这个混蛋,你去转告你的主子,如果他还想到需要我,叫他到罗马以外的任何地方来找我。"

说完他就走了,身无分文地离开了罗马。

"不,"教皇得知这个消息后,咬着牙说,"他得回来,他必须回来。"

教皇说完,斜眼看了一下布拉曼特,他正若无其事地微笑着。

就在米开朗琪罗离开罗马的第二天,新的圣彼得教堂放下了第一块奠基石。

二

米开朗琪罗回到了佛罗伦萨。大失面子的教皇向佛罗伦萨执政官发去一封又一封信件,执政官召见了画家:

"你是怎么搞的,和教皇开这种玩笑?我不打算为了你去和他打仗,你必须回罗马去。"

米开朗琪罗根本就没有听进去。他提出了要求:

"除非罗马向我保证,任何事情都不得妨碍我对于陵墓构想的实施。"

他再也不去理会罗马的愤怒,径自去完成锡耶纳教堂的订货。他在佛罗伦萨同样有事情可做。

脸色阴沉的父亲一见到儿子,就没完没了地诉说他的腰痛,抱怨贫困,抱怨几个儿子的懒惰。米开朗琪罗听完父亲的话后,淡淡地说:"好吧,我决定离开这里,到土耳其去。我将建议那里的苏丹修建君士但丁诺波利大桥,这将闻名世界。"

各种消息在佛罗伦萨传播着。说是教皇正在集结军队,途经波隆那的时候随手占领了那个地方,执政的别多奥里奥已经逃亡，怒火冲天的教皇正把军事斗争的矛头直指佛罗伦萨。

最后，执政官索德里尼找上门来。

"我的朋友，"执政官带着哭腔说，"您的故乡请您做出牺牲。不要惹怒教皇，这样做，最后的受害者是您那永远被纷乱搅得民不聊生的佛罗伦萨。到波隆那去吧，把战争引开去。"

"好吧。"米开朗琪罗叹了一口气，他不再坚持了。

在前往波隆那的路上，他想："Il lupo perde il pelo ma la vista mai。（意大利语：狼剥了皮，还是一只狼。）"

他在波隆那的圣彼得罗尼奥教堂又见到了那只"剥了皮的狼"。儒略二世见到他时眉头一皱：

"你本应该自己来，却要我们来找你，像话吗？"

米开朗琪罗只能请求原谅，他说明离开罗马的原因只是被小人粗暴地从宫廷里赶了出来，他觉得受到了侮辱。

教皇涨着猪肝色的脸，一声不吭地听着，空气极其沉闷。这沉闷被一位主教打破了，他是事先由索德里尼派往教皇身边的，以便在教皇见到米开朗琪罗而发怒时，可以适当地打些圆场。

"陛下，"主教悻悻地说，"不要为这个蠢人发怒，他的过错全在于他不学无术。艺术家嘛，他们只有在画室里的时候才是天才。"

儒略二世的额头暴起了青筋，他的两眼发出绿光，在他准备开口的当儿，首先在桌子上愤怒地拍了一拳，桌面上精美的杯碟都跳了起来。

"你这个混蛋,你怎么敢说他愚蠢?这连我都没有说,不学无术的不是他,而是你自己。你马上给我滚,滚得越远越好,滚到魔鬼那里去吧!"狂怒的教皇吼叫着。

当那位倒霉的主教被撵走以后,儒略二世转向了米开朗琪罗,他向画家招招手:"过来吧,上帝原谅你。今后不要再不守信义了,我们还是要共事的。"

这个权力无限的老头又想出了新花样。为了表示他对波隆那的占领,他要在这里留下他的一个大铜像。铸铜不是米开朗琪罗的特长,他甚至一窍不通。他反复地说明理由,教皇只有一句话:"不会,那你就学会它。"

教皇回到了罗马。米开朗琪罗花了九牛二虎之力,总算把那雕像铸成了。在泥稿快完成的时候,他谨慎地去罗马教廷问那老头:"陛下,您的手里应该拿着什么,是十字架还是书本?"

老头又一次愤怒了:"我要书干什么?给我握上一把剑,别让人拐弯抹角地猜谜语。"

对于这样的人,米开朗琪罗真拿他没有办法。当他再次被召到罗马时他就担心那老头又会想出什么新花样来。

"啊啊,我们正等着你哪。"教皇说,"当你在佛罗伦萨和波隆那休闲的时候,我们已经为你准备好了一件伟大的工作。啊,称得上是天才的工作。布拉曼特想过了,只有在这件工作中,才能发挥你举世无双的才能。"

又是这个布拉曼特出的馊主意！米开朗琪罗眉头掠过一片阴云。"不知陛下要我做什么工作，竟得到您和布拉曼特先生如此的厚爱？"

"噢，我们说的是西斯廷教堂，你将在那里的天花板上作画，我们期待着你的杰作。"

这分明是在开玩笑。不是吗，米开朗琪罗是个雕塑家，绘画本不是他的特长，虽然他在吉兰达约画室里也接触过一些，比如颜料要用石灰水来调和，要在潮湿的底子上画，一截截地接过去，一块潮湿的墙面要在一个工作日里完成，如此而已，但是真正的墙面画，他还没有制作过，佛罗伦萨的《卡西那之战》也仅仅只是草稿。这是太明显地出难题了。

"陛下，感谢您的信任，可是恕我直言，完成那项工作……我不能胜任，布拉曼特先生的同乡拉斐尔就不知比我强多少倍。"

"你给我住嘴，"教皇说，"你知道你在跟谁说话吗，你胆敢教训我？"

"不，陛下，"米开朗琪罗还是坚持着，"我没有画过大幅的壁画，我……"

"过去没有画过，现在可以画了。我们只是想让你的天才在各个领域里都得到发挥。"

"那，你得让我想一想，我需要时间。"

"可以，但是时间宝贵，时间非常宝贵。"

结束这次谈话以后，米开朗琪罗陷入了深深的沉思。这分明是宫廷小人的诡计，要雕塑家难堪。是啊，这是什么样的难堪呢？如果他失败了，那么也就身败名裂，他只能去死。回到佛罗伦萨去吗？他已经成为教皇的俘虏了，卫兵肯定接到命令，死死地封住了他的所有出路。

他彻夜未眠。他别无选择。

第二天，脸色苍白的雕塑家来到教皇的跟前，他用木然而冷峻的口气说：

"陛下，我将到西斯廷去工作。"

艺术家开始构思一个更为宏大的计划了。

三

拉斐尔被"永恒之城"罗马的恢宏震惊了。光是梵蒂冈这么多的宫殿已经足够任何一个画家工作一辈子，何况罗马又有许许多多教堂，这是多么广阔的天地呀！

带着他去觐见教皇的是他的同乡布拉曼特。这位建筑家兼世故的廷臣把他年轻的同乡细细地打量了一番，然后说：

"好的，你在乌尔比诺学会了优雅的风度，这很好。你朴实无华的服饰与你的外貌也十分协调。至于声音，你说话时轻柔悦耳，但没有甜言蜜语，这也会使陛下欢心的。就像我，我说话的时候既保持了自尊，又不失分寸。哦，保持分寸，这是最重要的。"

布拉曼特尤其强调了"分寸"，拉斐尔知道这是怎么回事。如果你对此不感兴趣，你就沉默，而不要赞同，甚至要装出简直一窍不通的样子。在这种场合，贵人们自然会自己纠正错误的。拉斐尔不由得对自己老到的同乡投以惊讶的目光，他发现布拉曼特身上就体现了那种不温不火的品格，他穿着灰蓝色轻柔调子的衣服,一双黑眼睛又是那么的清澈柔和,看不出一点狡黠,这让人看上去会特别愉快。

"召你来罗马的目的,布拉曼特已经跟你说了吧?"教皇在见到拉斐尔后,用他沙哑的声音说,"现在起,你的整个天才都应该属于我们。布拉曼特主持着梵蒂冈的工作,这工程太伟大了,所有的宫殿装饰都已经派定。这样吧,你就承担署名大厅的装饰。好好地想想,但是要快,时不我待呀。"

在出来的路上,布拉曼特感到还有什么需要向这位小同乡叮咛:"哦,朋友,和教皇相处也并不太难,他最痛恨的是不服从他的人,这一点他十分固执。但是在艺术的鉴赏上,教皇又绝对是一个行家,他比任何人都善于识别和挑选那些够格的艺术品。你知道,我不喜欢的米开朗琪罗现在正在西斯廷教堂画他的天顶画,我看得出来,你是多么想去欣赏他的大作,可是我劝你别去,这个怪人独来独往,与任何人都不来往。"

"是的,这我知道。"拉斐尔说,"在佛罗伦萨,他就是这脾气。可是他的绘画……"

"是的,是的,可是这个人很难在社交场合里混。你想想,一个满面乌云、一声不吭的人,能讨谁的欢心呢?"

他们来到了署名大厅。教皇宫殿的气度把这年轻的乌尔比诺画家给征服了,在那二十多个宫殿和数以千计的房间里,到处都是历史上名家们的杰作,梵蒂冈已经够不朽了,他奇怪为什么这位教皇还想重修呢?

帕纳索斯山
The Parnassus

拉斐尔，1510—1511
壁画，宽670厘米
梵蒂冈使徒宫

画面中央的文艺之神阿波罗演奏着乐器，他的身边围绕着九位缪斯女神、九位古代诗人和九位与拉斐尔同时代的诗人，充分体现了诗歌这一文学样式的兴盛和受欢迎程度。

"他不满意,拉斐尔,陛下认为还能更好。"布拉曼特说。

"更好?那么谁来创作这更好呢?"

"你,拉斐尔,还有一大批一流的艺术家,包括那个阴阳怪气的米开朗琪罗。"

他的老师佩鲁吉诺和父亲的老朋友西奥涅里也被召到了这里,"老法师"佩鲁吉诺对自己学生绘画的成就十分满意,西奥涅里甚至直率地用惊讶的口气说:"啊,如果我的老朋友桑蒂先生还健在,拉斐尔,他该是多高兴呀。知道吗,当你还穿开裆裤的时候,我就说过,这孩子将来是画画的料。"

儒略二世每天都会亲自到制作大厅中来。这位年逾古稀的教皇顾不得身居高位的尊严,他提着华贵的袍子在脚手架上爬上爬下,仔细地审阅着画家们的每一道工序。他感到在署名大厅里会更自在一些,这位从乌尔比诺来的年轻人,总是那么平和谦逊,这很对一教之主的脾气。

"圣母呀,"有一次他叫了起来,"这个乌尔比诺的孩子做得多好呀。你们看看,你们自己去看看,那帮子老家伙在大厅里乱涂些什么呀,这难道是在油漆墙壁吗?不行,要重新来过,必须重新来过。"

接下去是一大片忙乱和怨声载道。

对照着拉斐尔的绘画,儒略二世的话更多了:"不行,这简直是在糟蹋我的墙壁,这些一文不值的油漆匠。我已经把他们中的一个给赶走了,画的什么东西呀!就像僵尸。你们来看看拉斐尔，让这个天才的年轻人告诉你们，什么才是绘画。"

拉斐尔涨红着脸站在一旁，他感到抬不起头来。由于自己的画得到教皇的夸奖而使一大批老前辈受到侮辱，这本身就是他难以逃脱的罪责。他感到无地自容。

"不行，通通给我去掉，除拉斐尔的以外。"教皇又吼叫起来，"今天布拉曼特将收到命令，解散所有的粉刷匠。其余大厅的画都要抹掉，而你，拉斐尔，在那些新的底子上重新来画。"

教皇走后，拉斐尔怔怔地站在那里，他不知道自己该怎么办。

"别垂头丧气的，拉斐尔，"那是布拉曼特的声音，"你不是成功了吗，干吗像个丧门星似的？"

拉斐尔抬头看了看布拉曼特："老师，我的老师们，他们都是大师啊，怎么能这样地羞辱他们呢？我可是临摹着他们的画才长大的呀。"

"不，"布拉曼特说，"那是过去。现在，你赶上了你父亲，赶上了蒂莫特奥，也赶上了佩鲁吉诺，你是一个辉煌的胜利者。"

"辉煌的胜利者？"拉斐尔愤怒地叫了起来，"抹掉光荣的佩鲁吉诺的画，凌辱了伟大的西奥涅里，他们可都是我精神的明灯、心中的偶像，我是不断地从他们的鼓励中走过来的，这不等于否定了我的艺术奋斗史，摧残我的精神支柱吗？"

"那么，也好。"布拉曼特说，"让我们今天晚上去找教皇陛下，如果有可能，请务必保留大师们的作品。"

由于布拉曼特的努力，已经画成的作品允许保留，但是大师们，除了拉斐尔和米开朗琪罗，其余的人都被辞退了。

需要拉斐尔画的更多了，他有了别的构思。他准备在署名大厅和辛雅图拉厅里画三幅大型的壁画，主题分别表现神学、哲学和诗歌，他打定主意了，反映神学的一幅为"教义争论"，哲学的一幅为"雅典学院"，最后是诗歌，题名为"帕纳索斯山"。

四

米开朗琪罗最终发现，西斯廷教堂的工作是那么有意思，他无奈的选择，竟然成为他最有兴趣的事业。很快，他将一份新计划放到教皇的案前。这个庞大的壁画计划，以"创世记"作为总命名。教皇大喜过望，他把布拉曼特叫到跟前：

"这样，你赶快把脚手架准备好。你看这计划，他把一切都考虑得那么完善。好，太好了。"

布拉曼特立刻遣人在教堂的天花板上钻好洞，拉出缆绳，然后架起大平台。米开朗琪罗说："这些洞，以后怎么补上去呀？"

亲临现场的教皇用了一句意大利的谚语："Chi non inchioda, non ferra。（不把钉子打进去，就钉不好马掌。）"

"这你用不着操心，米开朗琪罗，"布拉曼特说，"你的工作是画画，其他的事情则是建筑师的工作。"

米开朗琪罗愤怒地转向教皇："陛下，布拉曼特会在天花板上弄出许多洞来，难道要我钻到里面去画？我认为还是搭建脚

画中右侧穿着飘逸长袍的白须老者是上帝,亚当则位于画面左侧,通体赤裸。上帝的右臂舒张开来,生命之火从他的指头中传递给了亚当,而后者则以同样的方式舒展左臂,含蓄地指出人类是按照上帝的模样来创造的。

创造亚当
The Creation of Adam
米开朗琪罗,1510年
壁画,230厘米×480厘米
梵蒂冈西斯廷礼拜堂

创造夏娃
The Creation of Eve

米开朗琪罗,1510年
壁画,280厘米×370厘米
梵蒂冈西斯廷礼拜堂

夏娃在上帝的指引下从沉睡的亚当身后站起,壮硕的躯体展现着人类美好的本质,伊甸园从此更有了生机。

手架好,这事我可以自己来。"

米开朗琪罗热情地投入了工作。他是个天性孤僻的人,他无法和别人合作,教皇派来了助手,他把他们赶跑了。他就这么一个人,躺在脚手架上,仰面作画。这是多么困难的事情。他顽强地工作着,除了沉默,还是沉默。没有人可以跟他交流,只有上帝。除了吃饭、睡觉,他的全部时间都用于作画。有时候,他就在昏暗的烛光下,一直工作到深夜,他不知道时间,累了,就在硬邦邦的脚手架上打一个盹,然后天就亮了,他又重新投入工作。

"抓紧时间,啊,时间是多么宝贵呀!"教皇常常这样催促着。这位基督世界的皇帝,提着华丽的长袍,在简陋的脚手架上走来走去。没完没了的催促使米开朗琪罗愤怒了。

"你给我出去,你这样吼叫着,烦不烦人?"

画家粗暴地把教皇请出了屋子,他关上了门,并且插上了门闩。

"假如再发生这种事情,"他说,"我就逃离罗马。"

这种愤懑的回应把教皇吓跑了,太出乎意料,这是教皇从来没有碰到过的。

"愚蠢,"教皇悻悻地说,"我是想让罗马更早地知道你的天才,这又有什么不好?"

教皇多么想知道这个古怪的佛罗伦萨人是怎样画画的。终于,有一个深夜,趁画家正好离开,教皇就带着布拉曼特和拉斐尔，偷偷地溜了进去。

"哦，"布拉曼特看着草草成形的画面说，"这是杰作，我对圣母起誓，这是杰作。"

"是的，这个古怪的家伙，也真有两下子。"教皇也赞叹着。

拉斐尔久久地站在米开朗琪罗的画前，他的嘴唇翕动着，眼睛闪着钦佩和羡慕的光芒："哦，米开朗琪罗，他是用着同上帝同样杰出的天才，创造出这个杰作的。"

警觉的画家在第二天早上就发现有人到过他的工作场所，动了他画具的位置。这是他的小天地，任何一点他人的所为，都逃不出他锐利的眼睛。

画家于是藏了起来，他在暗中等着窥察者。当他在高高的脚手架上藏好后不久，他就看到教皇蹑手蹑脚地进来了。他毫无顾忌地抄起架子上的短木板，向教皇扔了过去，直到愤怒的教皇狼狈地逃出大厅。

"听着，陛下，"他大声地吼着，"只有当我认为自己的作品已经满意了，我才会宣布工作已经结束。"

站在门外的教皇也吼叫着："你怎么能够这样，难道我们对你满意了，那还不够？我会让你的牛脾气完蛋的，你太高傲自大了。如果在显圣节前你还不把那讨厌的脚手架给我拆掉，我就把它们和你一起从窗口扔出去。我能做到的，我是教皇。"

米开朗琪罗的生活极其清苦。教皇老是忘记付工钱给他，父亲的来信也老是诉苦，他以为儿子成了大艺术家，就理所当

这幅壁画展现了大洪水之后人类的无望状态,流离失所的人们漂泊在荒野之中,让人心生怜悯。

洪水
The Deluge
米开朗琪罗,1508—1509
壁画,280厘米×570厘米
梵蒂冈西斯廷礼拜堂

夏娃和亚当在化身为蛇的撒旦的诱导下偷吃了禁果,因而被逐出乐园,也标志着人类原罪的开始。

逐出乐园
The Fall and Expulsion of Adam and Eve
米开朗琪罗,1510年
壁画,280厘米×570厘米
梵蒂冈西斯廷礼拜堂

然地能养活他们。他没有人可诉说内心的苦闷,只是默默地积压在心中。他给弟弟哲斯罗多写过一封信:

> 我这儿的生活十分痛苦。我完全精疲力竭了。我没有一个朋友,而且谁也不需要我……现在,我只能勉勉强强地吃饱肚子,而不久前,我连这一点也办不到。所以,请你们务必不要再增加我的痛苦了,哪怕是一点点,我都忍受不了了。

他有时候甚至感到绝望。绝望中的米开朗琪罗想到过自杀,这是孤僻的人常常会想到的一条解脱之路。他的身体也大不如前了,这种昏暗的工作条件使他的视力大为减退,他的胸口常常发出阵阵剧痛。而且长年累月地抬着头工作,使他在收到家信的时候不能像正常人那样平举着读,他必须将信高高地举到头上,然后目光向上才能看清楚。

教皇吼叫着:"你到底什么时候才能结束?"

结束了,他到底结束了。在1512年显圣节前一天,脚手架被拆除了,随着零星的脚手架搬出来的还有三十七岁的画家,苍老得俨然是个五十多岁的老头。

迫不及待的教皇带着一群人进来了,他们只看到琳琅满目的画面,而根本没有顾及画家。突然,教皇生气了:

"这是什么,先知的衣服上为什么没有金?要知道,所有的圣像上,先知的服饰都是描金的。"

米开朗琪罗画得太急了,他也许没有去顾及那样的细节。然而画家平静地回答说:

"圣父,为什么要画上那俗气的金子呢?先知是贫穷的,他们没有戴金银首饰。"

教皇笑了,他晃了晃脑袋,不再吭声。

很难用文字来描绘西斯廷教堂里杰出的组画《创世记》,只能说,这些取材于《圣经》里的故事,却表达了米开朗琪罗对于生活、对于生活法则、对于斗争、对于矛盾的哲学般的看法。在这些大型的组画中,中间的部分分别是《创造人类》,接下去的是《洪水》和《诺亚方舟》。而全画最令人难忘的部分是《逐出乐园》《创造亚当》《创造夏娃》的故事,而《分开明暗》和《创造日月》则是以更新颖的手法画出的,画得出类拔萃。

西斯廷的壁画轰动了罗马,前往参观的人如潮般涌动,精疲力竭的米开朗琪罗再也没有兴趣去听人们的赞扬,他完成了自己的使命,至于赞扬,那已经不再重要。

在人群中,年轻的、长着栗色鬈发的拉斐尔由衷地观赏着米开朗琪罗的杰作,他感动了。尽管平时因为布拉曼特的关系,他回避着米开罗,可是这一次,他热情地走上前去,他向大师真诚地表示了祝贺。他纯真地说道：

"感谢命运，她让我和你这样的大师生活在同一个时代，这不是每一位艺术家都能遇上的。"

五

现在,二十七岁的拉斐尔已经开始带自己的学生了,他在罗马工作的时候有四个学生。这是几个很有才气的年轻人,尤其是朱里奥·罗马诺,从他的草图,或者某一点流露出来的暗示,都让人想到当年的拉斐尔。老师也十分高兴,有的时候,他会把这个得意门生称为"第二自我"。年轻的学生与年轻的老师实际上属于同代人,他们与老师也就相差五岁左右,但是他们都因有机会能成为拉斐尔的学生而感到幸福,他们学习得非常努力。

"孩子们,"拉斐尔这样称呼他们,"我真不明白,是什么神力使你们这么快地完成了我布置的内容,要知道,还没有用去我计划中的一半时间呢!"

"哦,老师,魔王不敢把哪怕是最清白的鬼派到这里——圣洁的梵蒂冈来的,那你就知道我们是谁了。"

在这样的气氛中,拉斐尔感到轻松愉快。在1509年和1510年,拉斐尔一心一意地投入到那三幅大型壁画的绘制中。

教义争论

拉斐尔,1509—1510
壁画,770厘米×500厘米
梵蒂冈署名大厅

Disputation of the Holy Sacrament

这幅画的画面主要分为两个层次:天上和人间。在天上,上帝位于最顶端,两侧有诸天使。耶稣位于上帝下方,两边分别是圣母和施洗约翰,后面坐着诸使徒和圣人。耶稣下方有一个圆,圆中有一只鸽子,象征着圣灵。在人间,画有正在争论弥撒圣礼的圣徒们。

他画得非常顺手，这时候，拉斐尔的风格成熟了，他的画得到了质的飞跃。

在署名大厅里，在那纵向的墙面上，两幅大型壁画渐渐露出了风采。在《教义争论》的下半部分，拉斐尔描绘了正在讨论着宗教问题的神父们。诸多的肖像中，拉斐尔画进了他所景仰的前辈学者、不朽的《神曲》的作者但丁。不仅如此，拉斐尔还采取了非同一般的手法，在画面最显眼的地方，他竟然画上了被教皇亚历山大六世驱逐出教、并在这个大厅里被宣布处以火刑的萨佛纳罗拉。人们惊讶地发现，如此大胆的做法，与拉斐尔谦恭的外表和温和的谈吐是极不相称的。这显然会引起舆论的轩然大波，但是正如布拉曼特一样，拉斐尔是教皇信得过的人，梵蒂冈红衣主教和奴仆们的流言蜚语终于消失了。

在《雅典学院》高大壮美的廊柱衬托下，台阶上方是智者柏拉图和亚里士多德，柏拉图正用手指着上苍表达着什么奥义，仿佛在提示着他的核心理念："上天的观念，才是生命之本。"他们的周围是好几组哲学家、学者和他们的学生，这里有苏格拉底、毕达哥拉斯、赫拉克利特、第欧根尼，还有天文学家托勒密以及许多著名的学者……在那些众多的闪闪发亮的脸中，人们还看到了青年画家自己的形象，这是拉斐尔自我意识的流露，他把自己归纳到这一大家之列，透露出画家对于自己事业及其社会价值的认识。

罗马人把无比惊讶的目光投注到教皇的署名大厅，那里的

◇ **多纳托·布拉曼特**
Donato Bramante
约1444—1514
意大利建筑师

布拉曼特将古罗马建筑转化为文艺复兴时期的建筑语言，在当时就被视为极富影响力的大师。在建筑方面，与同时期的达·芬奇各领风骚。他的著名作品有罗马的坦比哀多小堂，还曾参与设计圣彼得大教堂。

壁画在他们看来是如此的不可思议。所有的人，从达官贵胄到一文不名的穷汉，整个意大利都知道了拉斐尔，他们纷纷前往梵蒂冈，想一睹年轻画家的大作，也想一睹他的尊容。要知道，这是一位难得的美男子，以至于罗马的姑娘们租下了拉斐尔住所对面的路边小店，或者他常常驻足的卡斯吉奥涅伯爵对面小店的座位。人们传说着，并不是年轻的伯爵夫人对画家产生了缱绻之情，而是伯爵家里有一幅令人惊异的作品，画面上的人物正是乌尔比诺公爵的遗孀，拉斐尔从小就对她有着极为良好的印象。

罗马的妇女们都这么说着。

年轻的画家并不在意罗马的疯狂女性如何的激动，他依旧常常独自悄悄地沿着罗马的小巷漫步，高兴起来的时候，他会边走边哼着小曲，学着孩子们那些有趣的小调歌唱着心中的愉快。

他从梵蒂冈出来的路上看见了一个幸福的母亲，那个年轻的农家妇正在为她的第一个孩子喂奶，她那种天生丽质

雅典学院
The School of Athens

拉斐尔，1509—1510
壁画，770厘米×500厘米
梵蒂冈署名大厅

在这幅画中，拉斐尔把不同时期的杰出人物全都集中在一个空间，表现自身笃信人类智慧和谐，并赞美西方文明的智慧结晶，象征着文艺复兴全盛期的精神。

椅中圣母
Madonna della Seggiola

拉斐尔，1513—1514
木版油画，直径为71厘米
佛罗伦萨碧提宫

的美唤起了拉斐尔心中母亲的幻象。他激动了，在拉斐尔的心中，任何题材都无法与母亲这一主题相媲美。描绘心中母亲的激情让画家的血液沸腾起来，他从地上找到一块木炭，但是没有纸。他四处搜寻，最后看到了一只大木桶。他什么也顾不得了，一下把木桶翻了个底朝天，就在桶底画下了刚刚看到的极为生动的一幕，他怕那个母亲在他没有画完前就会离开。

以后，正是根据这一速写，拉斐尔创作了他著名的《椅中圣母》。

画中的圣母目光亲切，她像普通母亲一样，把自己的孩子耶稣抱在膝盖上，静静地用脸颊亲着孩子，孩子睁着圆圆的双眼，似乎在眺望着遥远的天界。我们从中可以体会到母子间浓浓的温情。

六

颜料的研制工作使达·芬奇十分头痛,他的《安吉亚里之战》注定进展艰难。这时候,他收到了法国驻米兰总督夏尔·德阿布阿兹的邀请,要他到米兰去完成一些作品,同时,他邀请画家为他作一幅肖像。米兰再一次诱发了画家的激情。啊,米兰,他艺术的黄金时代在那里度过,他的成名作《最后的晚餐》至今仍留在那里。这些年过去了,人们还记得他、怀念他,这使他心情激动不能自已。他要前往米兰,他欣然应邀了。

他突然感到了一种与佛罗伦萨难舍难分的情感,1506年的达·芬奇已经五十四岁了,他有一种预感,也许此生不能再回到这座故乡城市了。人们开始发现这位大师频频出没于一些莫名其妙的地方,他到过巴勃其斯小洗礼堂,他呼吸着充满蜂蜜和乳香的空气来看看已故的父亲、这位老公证人最后一次办案时签名的地方;他走遍了他童年玩耍过的所有地方,那些荒凉的草丛中还留着破碎的大理石雕像;他到过维罗乔画室的院子,在这里,他与波提切利和洛伦佐·克列吉有过热烈的谈话。

他最后到了老师托斯卡内利的旧居,在那里他接受了人生的第一堂科学课。

达·芬奇在佛罗伦萨该做的事情又是如此之多,旧宫的绘画尚未完成,圣塔·安农查塔教堂的订货画尚未着手进行……可是米兰的总督等不及了,他直接向这里的执政官写了一封信,这件事大大得罪了共和国的最高长官索德里尼。各方传给他的消息使他越来越相信达·芬奇是在为"米兰骗子"效劳,于是索德里尼用尖刻的笔调写信回复米兰总督:

> 莱昂纳多对待共和国的行为,这是极其不应该的。他收取了大量的款项,刚刚着手他应该完成的伟大创作。他的所作所为,像一个地地道道的变节者。

这封信使画家的生活和心灵失去了原来的平静。他匆匆忙忙地对学生说:

"萨莱诺,马上备马。看起来,我们得起程了。"

他的朋友哲罗拉莫为达·芬奇提供了足够的资金,让他偿还了预先收取的酬金。这使索德里尼有些惭愧,他叫人传话过来:"共和国足够富裕,有可能不去挪用你交还的那笔艺术经费。"

平静后的索德里尼想到佛罗伦萨共和国还是需要法兰西作

圣母子和圣安妮

The Virgin and Child with St. Anne

达·芬奇,1500—1515
木版油画,168厘米×112厘米
巴黎卢浮宫博物馆

此画描绘了圣安妮、圣母玛利亚和刚出生不久的耶稣。画中圣母玛利亚坐在她母亲圣安妮的膝上,耶稣正想骑在一只祭祀用的羔羊上,表现出其激情,而玛利亚想拉紧耶稣,脸上也露出了对他将来命运的忧虑之情。

为同盟者的,他就允许画家达·芬奇留在米兰。这一允许并不发自内心,而更多的出自对法国国王路易十二的惧怕。

米兰大公古老的城堡使达·芬奇百感交集。他在那里看到了曾经与那发疯的莫罗和无助的吉安·加列阿佐谈话的地方,他想起了大公夫人贝亚特丽切,也看到了奸诈的大公情妇切奇利娅的坟墓。一种物是人非的惆怅涌上他的心头。现在,城堡依旧,然而它的主人已经更换,法兰西的总督把这里看成了自己理所当然的家园。

米兰清楚地知道达·芬奇各方面的才能,首先要求他解决运河和农业开发的问题,同时为解决伦巴第草场和耕地的灌溉寻找最好的打井方法,并设计圣赫里斯托运河上的水闸。达·芬奇建造了一整套的运河水系,带来了平原上的丰产。这段时间里,他编辑了卢卡·帕西奥利的数学著作《神奇的比例》的最后一部分,并为那本书作了著名的插图。

他的创作热情并没有减退,他研究了美丽的古代传说,他对丽达与宙斯的故事十分动心,这个美人吸引了宙斯的注意,万神之神就化身为天鹅与她接近。他为这一创作准备了素材,画了许多草图。当初,他把一幅《圣母子和圣安妮》的草图留在了佛罗伦萨,现在他只有重新着手。他画出了杰出的作品:在《圣母子和圣安妮》里,画家发展了《岩间圣母》的旧主题,但是画家没有依照传统的老套路,去画圣徒和神人的美好形象,以及作为人间罪恶牺牲品的羊羔,而是表现了相互联系

岩间圣母
Virgin of the Rocks
达·芬奇 1503—1506
木版油画，189.5厘米×120厘米
伦敦国家美术馆

此画中的圣母位于中央，右手扶着婴孩圣约翰，左手下坐着婴孩耶稣，耶稣身后还有一位天使，整体呈稳定的三角形构图，并以手势彼此呼应。背景则是一片幽深岩穴，花草点缀其间。画家用透视法、缩形法等技术手法表明了自己超高的艺术水平。

的三代人，年长者安妮保持着青春气息，她的微笑照亮了玛利亚的脸；作为将来的象征，小耶稣正和一头小羊羔嬉戏着。画家把观众的注意力都放到人物的表情，即发自内心的笑容上。画家以自己的方式表现着人和自然活灵活现的联系。同时期的另一幅著名作品《施洗者圣约翰》表现的依旧是那杰出的微笑，画家也许想继续让《蒙娜丽莎》的某些精神在此得以显现。

执政官很满意，他给了莱昂纳多许多养老金，并授予他"王室画家"的光荣称号。应该说，莱昂纳多在米兰找到了第二故乡，他可以终老于此。然而米兰又不平静了。穷兵黩武的教皇儒略二世惧怕过去的同盟者法兰西的影响过于强大，于是想驱逐他们。1511年，意大利和附近小国形成了反法联盟，法国人坚持不下去了，米兰的地平线上又出现了新的太阳，已故路德维柯·莫罗的儿子马克西米利安带着两万瑞士兵向故乡推进，他取得了胜利。这个新统治者找

施洗者圣约翰
Saint John the Baptist
达·芬奇，1513—1516
木版油画，69厘米×57厘米
巴黎卢浮宫博物馆

施洗者圣约翰裸露着上身，整个身子没入漆黑的背景中，只有从右肩到胳臂、脸部、右手以及隐约可见的左手暴露在光亮之中。他一手拿着十字架，一手指向天空，脸上露出狡黠而神秘的微笑，令人捉摸不透。

到了达·芬奇——当他还是孩子的时候，常常坐在画家的膝上，听他讲述种种有趣的故事——他在画家的工作室里看到了一个小小的青铜雕塑，这使他想起了画家的巨大塑像粉碎在法军弩手的箭下。他告诉莱昂纳多，战争一旦平息，雕像仍将再建。

然而战争总不能平息。外国军队趁着混乱经常袭击米兰，匪帮和盗贼频繁地出没，人们大批地逃离早已疲惫的伦巴第平原。马克西米利安的队伍也是一会儿胜利，一会儿失败，他带来的那些瑞士人，干脆在米兰住了下来，安家落户，成为新的主人。莱昂纳多的余生经受不起太多的战乱，这种大起大落的生活是一个老年人无法容忍的。

莱昂纳多对学生们说："听着，孩子们，现在我们最明智的选择，恐怕就是罗马了。我们应该到罗马寻找落脚之地。"

第 八 章
1514—1519

花开花落

充实的一天过后会有愉快的睡眠；
充实的一生过后会有完美的终结。

——莱昂纳多·达·芬奇

一

在布拉曼特周围有一批在当时堪称有学问的人，他们在教廷建设中成为事业上的骨干，由于布拉曼特的关系，他们也深得教皇的赏识，在那些失势者的眼中，他们就成了"一帮子"人。这帮子以外的，那就不可避免地形成了他们的反对派。有人群的地方总是这样。

反对派决定挑拨布拉曼特与教皇的关系，但是没有成功，于是他们想到了一个妙计，从拉斐尔下手，让米开朗琪罗来充当打入缺口的先锋。他们估计这是一条很容易成功的计策，起码可以把局面搞乱，只是这个古怪的佛罗伦萨人，有时很难驾驭。

机会来了。当时拉斐尔受富翁基吉之邀为他豪华的住宅画几幅壁画，原先说好以五百艾扣（中世纪法国货币）为酬金。拉斐尔一丝不苟地描绘着，花费了巨大的心血。壁画的效果令人满意。画好后，拉斐尔发现他在这些壁画上所花的功夫大大超出原先的想象，于是他向基吉提出增加酬金的要求。

"你这不是胡搅蛮缠吗？"基吉说，"我只能按事先说好的支付你的酬金。"

"不，朋友，"拉斐尔说，"艺术是不可计价的，但是价格却表现了艺术家的价值和尊严。你可以去找一个行家来，你会发现我的要求其实并不过分。"

那些人就给基吉出主意了："你一定能赢，基吉，只要你找到米开朗琪罗。这个佛罗伦萨人既是最高的权威，同时也是拉斐尔的宿敌，你知道，他跟拉斐尔的同乡布拉曼特水火难容。"

"好啊，咱们走着瞧吧，"基吉乐滋滋的，"我去把波纳罗蒂找来，看你怎么说。"

这段日子，外面流传布拉曼特患上了重病，大概就是可怕的疟疾，那时候这种病还没有特效药，一旦患上，凶多吉少。又有传言说，布拉曼特向教皇诚恳地推荐了年轻的拉斐尔，他对教皇说，如果他真的有什么三长两短，那么圣彼得大教堂的工程总监，年轻的拉斐尔完全能够胜任。

在米开朗琪罗看来，这显然是在向他挑战，或者说是结党营私。因为不管是他本人的评价，还是外界的舆论，这个职位本来就是在布拉曼特与米开朗琪罗之间争议着的，现在布拉曼特不行了，米开朗琪罗理所当然地应当接任这一岗位。

"他怎么能够推荐这个小兔崽子呢，这些小气的乌尔比诺人，这不明明在假公济私吗？"他想。

米开朗琪罗接到基吉的邀请，立即赶来了。他在路上还想着:"如果这个滑头的乌尔比诺人稍有非分之想,我就让他难堪。"

像往常一样,米开朗琪罗阴沉着脸,一进门就没有和任何人打招呼。他走到壁画前面,久久地站立着,一言不发。拉斐尔发现他的目光几乎搜索到画面上的每一个细节。室内出奇的静,空气沉闷而凝重。基吉和拉斐尔都在焦急地等待着这一裁决,因为大家都认为,米开朗琪罗的最后裁决是掷地有声的。

"这个头,你看到没有?"米开朗琪罗终于开口了,他指着画中一个女巫的头像,转过脸来对基吉说,"你好好地看看。"

基吉露出了一脸灿烂的笑容:"对,就是这个头……"

"是的,"米开朗琪罗说,"就是这个头像,它本身已经值一百个艾扣,而其余的那些数十个人物,那些生动的形象,都并不比这个头像差。"

"你……"基吉懵了,他说不出话来。

"是的,你告诉过我,要我用挑剔的目光给予最严厉的审定,这,我都做到了。你算一算吧,一个头一百个艾扣,算账是你们商人的内行事情。"

说完,米开朗琪罗转身就走了。

拉斐尔怔怔地站在门口,他望着米开朗琪罗远去的背影,喃喃地说:"哦,艺术家,一位大师……"

二

西斯廷教堂的天顶画完成还不到四个月，儒略二世就去世了。米开朗琪罗俘虏一般的生活应该结束了，但是他与教廷的合同还在，他必须在七年里为教皇的陵墓完成三十二座大型雕塑。

新任教皇我们并不陌生，他就是豪华者洛伦佐·德·美第奇的儿子，乔凡尼·德·美第奇，二十年前他从佛罗伦萨逃了出去，现在，他又得势了。不过当上了教皇以后，他就把自己的法名改成了利奥十世。

教皇的故乡热烈地庆祝了这一焉知祸福的胜利，福星高照的美第奇家族又回到了佛罗伦萨，再一次成为这座城市的执政者。佛罗伦萨当然又要大大地修饰一番了。

利奥十世向愁眉不展的米开朗琪罗做出了亲近的姿态。他用美酒款待了艺术家，并与他一起回忆了艺术家的恩人、收养了孩提时代波纳罗蒂的他的父亲洛伦佐。他们一起回顾了在卡列吉别墅里一切值得怀念的人与事。最后教皇说：

"我为你，朋友，找到了一份与你的才能十分相称的工作。你是佛罗伦萨人，美第奇家族待你不薄。在圣洛伦佐教堂的墓地里，有一座美第奇家族的地下墓室，我决定重新装修它，装饰这座教皇家族灵魂的最后栖息地。你要为这座教堂设计一个漂亮的门面，并亲自动手实现它，这同时也可为你带来荣誉。"

"我十分荣幸，陛下，"米开朗琪罗说，"但是我与教廷有合同的约束，三十二尊雕塑，那是多么巨大的工作量啊！"

"这有什么？"利奥十世说，"你可以在佛罗伦萨一边设计门楼，一边制作陵墓的雕塑，然后运到罗马来。"

米开朗琪罗无话可说，他只能听天由命。

"哦，我这算什么呢？"米开朗琪罗想着，"我只是一个奴隶，一个两代教皇共有的奴隶。"

这个晚上，米开朗琪罗住舍的灯彻夜未灭，由于深刻的思考，画家全无睡意。离桌子最近的地方，放着米开朗琪罗最近才完成的两个雕塑，那是为儒略二世陵墓所做的雕塑，《挣扎的奴隶》和《垂死的奴隶》。他突然感觉到那仿佛是一种宿命。是的，那两座雕塑的构思并不是产生于今天，而是在二十年前，当时正是萨佛纳罗拉领导的斋戒和忏悔的时代，那时候他那么强烈地感觉到，社会普通民众对于美第奇家族来说正是一种奴隶般的命运。在他设计儒略二世陵墓的时候，那个构思又强烈地泛了上来。

"是的，奴隶……"他喃喃地自语着，"放在暴君尸骸之上，

垂死的奴隶
Dying Slave

米开朗琪罗，1513—1516
大理石，高215厘米
巴黎卢浮宫博物馆

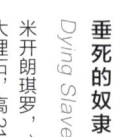

奴隶左手托住后仰的头部，右手似乎想要挣脱身体上的缚带，表现了他遭受痛苦折磨而奄奄一息、疲惫不堪的形态，其模样有一种睡梦之中的状态，既试图挣脱现实的束缚，又有一种安详酣然。

用来赞颂他，这是多么深刻的讥讽。"

他为自己的大胆设想感到兴奋。是呀，在这以前，谁敢争取用奴隶的雕像来美化教皇的陵墓呢，难道他们就不能与伟大的智者和预言家、带领人们逃出埃及的摩西站在一起吗？是的，米开朗琪罗的摩西雕像，现在就放在奴隶们的边上。有意思。他移动了一下灯光，让光亮照耀在伟大哲人的前额，哦，他正眯缝着深邃的目光，注视着正在挣脱绳索的奴隶，和进入安详的死亡前昏迷的同命人。米开朗琪罗还为他们预备了一批陪同者，在这群雕像中，有欣喜祈祷的圣母，有文静的以色列种族的始祖丽雅……行了，只要能保证这一构思实施完成，他也死而无憾了。现在，新教皇并没有中止这一工程，而且这一基调还能延伸到圣洛伦佐教堂的门楼，哦，能创造这一大批不朽的形象，这不正是自己艺术生涯的追求吗？

他铺开了一张纸。借着夜风中摇晃不定的烛光，他给乔凡尼·德·美第奇，不，给教皇利奥十世，写下了如下内容：

我同意建造这座门楼，通过它可以向世界展示，意大利的建筑和雕塑已经完美到何种程度。请教皇和红衣主教尽快地做出资金运筹的计划。

米开朗琪罗和新教皇签订了一份建造圣洛伦佐教堂门楼的合同，规定米开朗琪罗在八年的时间里完成这一工程。

摩西
Moses

米开朗琪罗，1515—1516
大理石，高255厘米
梵蒂冈圣彼得大教堂

摩西带领希伯来人离开埃及，并在西奈山上得到上帝亲手写的十诫法板，教导希伯来人诚命，成为伟大的民族领袖。

实际上，米开朗琪罗前所未有的磨难开始了。工程的开局很顺利。艺术家把构想的模型提供给教皇，教皇很满意，接下去就是赶紧筹备大理石。争论开始了，利奥十世要求到别特拉桑捷山上开采这种漂亮的石材，但这几乎是不可能的，米开朗琪罗试图说明在克拉拉山上开采要方便得多，那里有现成的采石场，石材的质量也相当高，可是失败了。新教皇首先把意见的分歧理解为权力的较量，他试图树立一言九鼎的形象。

米开朗琪罗亲自到别特拉桑捷山进行了勘测，这地方几乎没有人尝试过这种开采，山体的陡峭程度无法把石材运下来，而且也找不到通晓这里开采要领的工头。当地人望着悬崖峭壁，摇着头说："圣母啊，这不可思议。"

米开朗琪罗不知疲倦地踏遍了整个别特拉桑捷山，查看着可能提供运输用的道路。工人们是对的，他们说，这里的山道最多只能勉强通过一头小毛驴，而且驮不了多重。他一个村庄一个村庄地查访，到处是一贫如洗的景象。他希望重金之下出勇夫，但是山民只投来冷漠的目光。罗马的命令又一次传达到深山中：

"大理石必须从别特拉桑捷山搞到。"

在这些勘测中，罗马并没有支付必要的费用，一切靠米开朗琪罗自己掏腰包。"是的，暴君们总是一样的，有时候，他们在表面上装出讨好的样子，承认你是一个天才，可是，他们在骨子里却是冷酷的，也许他们只是为了骗着艺术家更快地把毒汁喝下去……"

终于找到了勉强可供运输的小道，米开朗琪罗又奔走于热那亚和比萨之间，同船主们商量如何水运大理石。出乎意料的是，克拉拉山的采石人却出来找麻烦了，他们处心积虑地处处刁难他，那里是久负盛名的雕塑大理石的著名产地，所有的船主都被他们买通了，米开朗琪罗弄不到一条船。他绝望了：

"哦，这真比起死回生还难哪！"

1518年的春天，当好不容易把艰难的前期准备工作办完的时候，他收到了红衣主教、教皇的兄弟朱利奥·德·美第奇的一封十分奇怪而可笑的来信：

> 我们获得了令人信服的证据，证明你贪财，因此我们决定给克拉拉山的采石主以支持，从别特拉桑捷山开采大理石显然已经不恰当了……

米开朗琪罗还没读完信，就把它愤怒地扔到了地上："这些梵蒂冈巧舌如簧的甜嘴狗，是你们逼着我这么干，而现在，我反倒成了贪财鬼！"

米开朗琪罗的寒热病又发了，他在偏僻的塞拉温泽小旅店里卧病不起。他已经被折磨得不成人形，他甚至怀疑自己的生命已经走到了头，只是心灵里还燃着那一点不灭的光亮。

三

莱昂纳多·达·芬奇到达罗马的时候,已经是1513年的冬季。红衣主教朱利奥·德·美第奇把他介绍给了他的哥哥——教皇利奥十世。这位高贵的教皇还记得自己孩提时代喜欢钻到这位画家兼科学家的画室里,看他那些魔术般的试验。

"我知道你,莱昂纳多,"教皇以一种知人善任的口气对六十一岁的莱昂纳多说,"你是一位伟大的学者和艺术家,你对我们会有很多的益处。布拉曼特,我可怜的营造总监,他病得不行了,他只能作为营造方面的副手,米开朗琪罗现在还在克拉拉山上开采大理石,他还要到佛罗伦萨去负责圣洛伦佐教堂的工程。这里,只有让年轻的拉斐尔当家了。这样吧,你且先住下来,当需要你的时候,我会来请你的。"

达·芬奇先在罗马安下"家"来,他立即着手进行两方面的工作:科学和艺术。他研究解剖学,同时研究完美的人体构造,他把自然称为"老师的老师"。他在笔记中写道:

你只要想想，有那么多令你惊叹其构造的人，是怎样被无限制地、可怕地杀死。不要想以你的愤怒或恶意去摧毁这样的生命，因为谁不尊重生命，谁就不配得到它。

但是他又警告说，艺术家不要被解剖学过分地吸引。

他希望画家要研究手势和人的面部表情。他又指出要研究比例的特殊意义。他说"不要模仿"，在作品中不要留下不好好探索大自然而造成的主观臆造。他高度评价了风景画的直观性和可靠性，正如科学一样，她是大自然的女儿。在自己不停地画速写、画素描、画各种草图，画风景和人物的头部、手脚以及局部的物件和衣褶后，他留下了大量的画论。

教皇似乎对莱昂纳多的科学研究更感兴趣。利奥十世的时代被后来赞誉为科学和艺术的"黄金时代"，然而这仅仅是一种表象。教皇的地位在他的前任儒略二世时期达到了顶峰，这使他更迷信权力和武力，以及家族性的奢华做派。在罗马，几乎天天有过节般的热闹场面。他的最大发明就是向社会发放"赎罪券"，他以上帝的名义宣布，谁买了这种纸票，上帝就饶恕谁的罪孽。

米开朗琪罗刚刚从别特拉桑捷山回到罗马，在他即将前往佛罗伦萨的时候，听到达·芬奇到达罗马并受到教皇礼遇的消息,一种莫名的反感在他的心中忽然升腾起来。也许因为自己的耿直古板、不善辞令,他总会情不自禁地对能言善道的人产生一种偏见。

"哦,你们看看,一个米兰的诗琴手,当他的法国靠山被赶走后,竟然跑到神圣的罗马来了。"

这话其实他就是冲着莱昂纳多说的,因为当时这位老人正从不远的地方走过。这时候,教皇正在安寝,梵蒂冈的宫殿里一片寂静,一切细小的声响都会在空气中清晰地传播。莱昂纳多显然听到了,他装出一副无动于衷的神态走了过去。

这种高雅而宽容的神态对米开朗琪罗一定是一种刺激。古怪的雕塑家开始公开地谴责达·芬奇与法国人的友谊。关于这一主题,罗马早已有许多荒诞不经的传闻。米开朗琪罗说:"就是这样一个小丑,他想用雕虫小技来取悦教皇。"

他们的对立还不仅仅是一时的情绪,以往对艺术观理解的分歧这时候又爆发出来。达·芬奇说过:"雕塑是一种机械的艺术,雕塑家的工作纯粹是手工的,需要坚强的体力。"米开朗琪罗对此大为感冒,他全身心地献给了雕塑事业,他说:"想给绘画以优先地位的作者,等于对此事一窍不通。如果加入这场争论,我的女仆也能很好地解决这个问题。"

原先兴高采烈地迎来达·芬奇的教皇感到头痛了,他开始疏远莱昂纳多。他找不到更好的事情让他做,就派他去制造钱币。拉斐尔对此深感惋惜,但是他也是不善言辞的人,他无法为达·芬奇辩护。

红衣主教朱利奥·德·美第奇给莱昂纳多派来的助手格奥克，实际上只是一个技术骗子，他每天游手好闲，不是射鸟、玩骨牌，就是做各种蠢事。他和他的同伙偷走了莱昂纳多刚发明的机器零件，不仅如此，这个无赖还想进一步加害于他。

很快，又有流言出来了。达·芬奇为了研究，常常会到停尸房去解剖无主尸体，那停尸房是属城防兵士管理的。这个秘密没有逃过格奥克的眼睛，他把秘密添油加醋地告诉了城防守兵约翰。这个没有头脑的城防兵，就向人绘声绘色地诉说格奥克编造出来的故事，只不过把自己也放进去成了一名配角：

"哦，这个莱昂纳多，他是个不相信上帝的巫师。我亲眼看到的，他把死人的心脏取出来，他用人的脂肪来熬稀汤，加到画圣像的颜料里，这样颜色会更牢固……哦，那些死去的灵魂飘来飘去地寻找着自己的心脏……这个为法国人干过事的人，他能让尸体坐起来，甚至让他们跳舞。"

城防的卫队长找到一个机会，把约翰的话复述给了教皇。

利奥十世含蓄地微笑着，他说："够了，朋友……"

莱昂纳多在罗马的唯一靠山，红衣主教朱利奥·德·美第奇把原先打算让他画的《永恒之城》的订货时间大大地往后推延了，很显然，这个荒诞的传闻起了作用。

画家在罗马的境遇变得难以忍受了。

新继任的法兰西国王弗朗索瓦一世对失去米兰的后果深恶

痛绝。这时候，威尼斯和热那亚两个公国与米兰的抗衡又把他的注意力吸引到意大利，他越过了阿尔卑斯山。米兰国王马克西米利安没有了固定的官邸，他只能带着卫队四处转悠。弗朗索瓦一世很快取得了对米兰、帕尔马、皮亚琴察的胜利，也战胜了教皇利奥十世。血腥的战斗使一万六千人死伤。

作为米兰的新占领者，弗朗索瓦一世游览了这座美丽的城市，当他走到圣玛利亚德尔格契修道院时，他看到了久已闻名的《最后的晚餐》。他把工程人员和身边的艺术家召集起来，提出了一个前任的老问题：

"想一想，如何把这幅画搬到巴黎去。"

"陛下，这是一个无法解答的斯芬克斯之谜，以前也遇到过这个伤透脑筋的问题。恕我们斗胆地说一句，那是绝对不可能的。"

"不可能？如果搬不走画，那么画家呢？我就把画家带走。"弗朗索瓦一世转身对手下说，"你立即给莱昂纳多·达·芬奇先生起草一封信，表达我们的仰慕之心和一定要在米兰见到他的愿望。"

这时候，达·芬奇正为自己在罗马的恶劣处境深感忧虑，他收到法国国王的来信后，决定在巴维亚与他见面。

四

达·芬奇的离开使拉斐尔感到深深的遗憾，他仿佛有一种感觉，随着达·芬奇的离开，意大利那个艺术与科学的全盛期，也已经走到了尽头。历史常常就是这样，当一个排斥杰出人物的时代开始的时候，社会的兴盛也随之结束了。正如社会以极大的宽容接纳各类人才的时候，常常就是它的兴盛期到来的标志。

这些天来，教皇常常有突发奇想的指令使拉斐尔感到难堪，许多时候，拉斐尔只能如实地告诉他，这样做，他办不到。

"你说什么，办不到？"教皇的脾气越来越暴躁，"那你就去做办得到的事情，梵蒂冈空空荡荡的墙壁多得是，你可以去画上壁画。记住，你是教廷的宫廷画家，你有这个责任。"

面对这样无休止的苛求和指责，拉斐尔绝望了。他不想画那些粉饰太平的画，他已经预感到一场深刻的危机早晚会降临，一想到此，一个久久酝酿在心头的题材使他更强烈地想把它画出来，那就是"博尔戈火灾"。公元847年，这里曾发生

博尔戈火灾
Fire in the Borgo

拉斐尔，1514年
壁画，宽670厘米
梵蒂冈博物馆

前景中的男女老少都在拼命翻越倒塌中的墙壁，想要逃离火场，右侧的妇女们则用瓶瓶罐罐运水，希望能浇灭大火。利奥四世站在背景中的阳台上，举起手来，大火也随之熄灭。

过一场猛烈的大火,它使无数家庭流离失所,许多妇女儿童葬身火海。这一惨烈的事件发生在与现任教皇同名的利奥四世时期,人们为这位务实地拯救了灾后百姓生灵的教皇留下了一个近乎神话的传说。当时,站在阳台上的利奥四世面对火海举起手来——他为百姓对神起誓——大火就立刻停熄了。这是一个多么具有寓意的象征事件,画出来吧,或许会对现任的教皇有所启示。

"要让这种对教皇的颂扬多少带上一点悲剧的色彩,"拉斐尔想,"要充分表现灾难的惊心动魄。"

拉斐尔在完成这幅壁画的过程中表现出呕心沥血的努力。画面的中心部分是面对大火忙乱骚动的人们,逃跑的、救助的、灭火的,他尤其强调了最具戏剧性的部分,无助的母亲和儿童。拉斐尔按照他的整体构思只画了中心部分,而其余次要的部分,则是在他严格的监督下由他的学生朱里奥和法朗西斯科完成的。

西蒙舅舅不止一次地写信来,他提醒外甥应该考虑婚事啦,要知道过不了多久,他就要三十五岁了。这时候,红衣主教比比耶那,一个机敏、能干而狡黠的人,早就看中了深受教皇宠爱的、在梵蒂冈无所不能的拉斐尔,他想把他的侄女嫁给拉斐尔。他这个侄女体质虚弱,拉斐尔并不称心,但是温和的画家羞于当面拒绝,只含糊其词地应付着。他的态度使比比耶那恼羞,但又不能成怒,年轻的画家甚至没有看出,那个红衣主教偶尔从眼睛里露出来的凶狠的一闪。

这时候,拉斐尔为一位女子画了一幅肖像,这幅著名的肖像题名为"冬纳·维拉达",或者被后人称为"披纱的女子",这是拉斐尔认识的罗马女性中最漂亮的一位。吸引着他的不仅仅是她端庄的美,还有她博大而深沉的心灵。她和当时著名的女学者、女诗人维多利亚·柯罗娜是好朋友。在为她画完肖像以后,他们成了朋友。拉斐尔只有在她的宅邸里才会感到充分的放松,他知道他在这里能把宫廷的名利抛弃得一干二净,他的女友根本不是个重名利的人。他的心迷恋着这位"披纱的女子",可是她已经不是一个待嫁的姑娘了。

利奥十世的使者把画家从他的"披纱的女子"家中召到了教廷。今天教皇的心情特别好,他和蔼地对拉斐尔说:

"朋友,有一件事非你莫属。我要任命你去负责古罗马遗址的考古发掘工作,这一任命不仅仅是一种荣誉,而且我的朋友,我知道你也深深地喜爱着这一宏伟的工程,它一定会使你动心的。"

"是的,"拉斐尔说,"我很乐意接受您的这一任命,陛下,因为一进入这项工作,我就会着迷,那是肯定的。我想您的这一高明的主意必然受到了比比耶那主教大人的提示,我很想得到您肯定的回答。"

"啊,聪明的人能洞察一切,"教皇笑了起来,"我知道他的提示也许别有用心,然而我的任命却完全出于公道和需要。"

披纱的女子
The Woman with the Veil
拉斐尔,1514—1515
布面油画,82厘米×60.5厘米
佛罗伦萨碧提宫

从美丽肤色到华贵服饰上的绵绣衣褶,都被画家细致入微地描绘出来。拉斐尔如此含情脉脉地再现这个肖像的美,乃因画上的女郎是拉斐尔的情人,她那双像天鹅绒般闪光的眼睛,安详而略含浅笑的脸庞,以及按在胸前的那只右手,被刻画得十分细腻。

红衣主教比比耶那在一边涨红着脸,发出唯唯诺诺的咕哝。

很长一段时间以来,罗马对古建筑的处理十分粗暴,昔日残存的宫殿都被居民任意扒倒,精美的构件被肆无忌惮地拖去装饰家宅,他们毫不怜惜地毁坏一座座纪念碑,任意破坏雕像、题词和古典建筑的遗址。拉斐尔一直对这种野蛮的举动感到心痛,但是他无法干预。新的任命对他来说是值得高兴的事,他非常清楚保护这些古迹的意义。

拉斐尔带着学生在废墟上认真地工作着,他的劲头近乎狂热。画家穿着一件无袖的上衣,这样工作起来就会放得开手脚。人们把一块块大理石、浅浮雕抬到他的面前,把有边饰的、杰出的壁画指给他看,他在那些断壁残垣里乐而忘返。

"哦,太精彩了。"有一次,他发现了古罗马时期的一个环廊的残迹,那里富有特色的装饰深深地吸引了他,当时他正在为圣彼得大教堂设计一座环廊,

拉撒路的复活

The Raising of Lazarus

皮翁博，约1517—1519
布面油画，381厘米×289.6厘米
伦敦国家美术馆

拉撒路的复活是出自《圣经》的故事，拉撒路病危时没等到耶稣的救治就死了，但耶稣一口断定他将复活，四天后拉撒路果然从山洞里走出来，证明了耶稣的神迹。

他突然得到了灵感。这座环廊以后成了梵蒂冈的一项建筑特色。但是关于造教堂，画家拉斐尔能说出什么呢，这是真正使他勉为其难的事。他在领导着古罗马遗址发掘的同时，教皇并没有放松对于圣彼得教堂的营造工作，但是他实在没有时间分出心思去完成这项工作。教皇的宠臣们不断地纠缠着他，要他为他们设计宫殿和郊外的别墅。他为红衣主教朱利奥·德·美第奇的别墅设计，用尽了他的全部灵感。这座别墅以后就以它的最后一位女主人、查理五世皇帝的女儿帕尔玛的玛格丽特的封号命名，叫作"夫人别墅"。这座别墅以其凝练的建筑风格和高贵的气度吸引着过往者的目光，而他的教堂建筑却毫无进展。

他的学生们也要求他给他们的创作提供灵感。甚至有时候，他还得和学生们一起完成一些重要的订单。他们一起为教皇的银行家阿戈斯基诺·吉的郊外别墅完成了著名的《加拉忒亚的胜利》，题材来源于古代神话，独眼巨人波吕斐摩斯热切地追求着加拉忒亚。他还要挤出精力和时间去梵蒂冈作画,拉斐尔一个人在那里所作的壁画,抵得上多少画家的手艺。二百多年后,当俄国人想把那些画复制到圣彼得堡去的时候,艾尔米塔什博物馆的一批艺术家整整花了几年的时间。以后,罗马的原作在岁月流逝中毁坏了,复制品就体现了它的价值。

忌妒常常伴随成就而来。在众多的忌妒者中,有一位威尼斯画家,塞巴斯蒂亚诺·德尔·皮翁博。就画技而言,此人并非等闲之辈,他也是新兴的威尼斯画派的著名画家。皮翁博突发奇想,他想与拉斐尔"比试"一下,也许这种比试正是让威尼斯画派和他自己崭露头角的契机。他自知灵气和能力是无法与拉斐尔相比的,就决定拉扯上米开朗琪罗。通过拐弯抹角的途径,他与米开朗琪罗套上了近乎。

米开朗琪罗说:"我能帮得上你什么忙呢,皮翁博先生?"

"哦,您知道,"皮翁博吞吞吐吐地说,"我就这么一点儿能耐,我的全部弱点您也都知道。我的色彩还能凑合,可是素描,那不行,这我很清楚。尤其是我一想到您,想到拉斐尔·桑蒂大师……他现在很吃香……如果我有幸,我能够在我制作订货的时候……您作为我的老师,给予指导。"

"好的,皮翁博先生,只要我力所能及,只要我认为应该,我会尽力的。"米开朗琪罗说。

皮翁博心满意足地走了,他在路上想:"哈哈,伟大的拉斐尔大师,现在也有一个强大的对手了,您想看看威尼斯人最近

◇ 塞巴斯蒂亚诺·德尔·皮翁博
Sebastiano del Piombo
1485—1547
意大利画家

的一次杰作吗？那您就等着瞧吧！"

米开朗琪罗不仅帮他出了主意，还把画稿和细部的素描给了他。《拉撒路的复活》就这样出世了。那确实是一幅美丽的图画，威尼斯画派的色调和米开朗琪罗雄健有力的素描底子相结合，但是它的内容并没有什么深刻性，技巧上也无重大的突破，在美术史上是一幅可称道的作品，仅此而已。

皮翁博最初跟随威尼斯的著名画家乔凡尼·贝利尼学画。后又得到米开朗琪罗的艺术思想和雄健的造型方法启迪，在作品中显示出米开朗琪罗式的雄劲造型，但在整个作品的色彩处理上仍保持自身的特点。

五

法兰西国王热情地邀请莱昂纳多·达·芬奇前往他在昂布瓦斯的离宫。他作为国王的贵宾,受到宫廷上下极大的尊重。昂布瓦斯在一片沼泽的中间,那里的气候并不利于健康,然而在这片贫瘠的土地上,突兀地冒出一片辉煌的宫殿,这看上去挺有意思。国王在那里养了一万八千匹骏马,把那里开辟成皇家寻欢的乐园。

人们传闻着陛下对这位佛罗伦萨艺术家的殊遇,他们也渐渐发现了这位老人身上确实有富有魅力的东西。他的软语款声,他的稳健谈风,他冷静而凝视的目光,他朴实无华而不失高贵的衣着,这一切深深地感染着法兰西的宫廷。贵胄们开始模仿起达·芬奇的风格,从习性、举止、言谈到他那意大利式无华的服饰,甚至争相制作"达·芬奇式"红色的斗篷。

国王想把法兰西宫廷变成一个日日欢娱的节日盛会场所,这一点,达·芬奇有的是他的"雕虫小技":当国王一进入广场,一只能自动走路的模型雄狮颇有尊严地走向国王,在国王的前面突然打开了胸膛,一束洁白的百合花落在了国王的脚旁。诸如此类的玩意儿,达·芬奇竭尽了他的才能,然而想从艺术家那里得到新的作品,国王只能枉自等待了。他的热情已经献给了意大利和他的第二故乡米兰,而且他的手坏了,明显地提不起来。画家离开了灵活的手,他还能成为画家吗?

国王给了达·芬奇一百艾扣的养老金,还赠给他一个小小的城堡——克劳斯·吕斯城堡,老人知道,他将在这里度过余生。

艺术家暮年寂寞的日子开始了。他常常坐在克劳斯·吕斯城堡画室的窗前,几个小时几个小时地望着窗外的风景,外面是平原,成行的杨树吐着新绿,遍野的葡萄藤叶反射着冷艳的天光。料峭的薄雾就像帷幕轻轻笼罩着大地,淡淡地掩映着人间的欢乐。

"哦,青松,山毛榉,月桂树……"那是他儿时唱过的五月节的歌谣。那是佛罗伦萨最热闹的五月节,他在那时获得过"花冠少年"的盛誉。

有人敲门了,进来的是忠诚的女仆马久林娜。

"早饭好了?早饭后,我们去散步。"

马久林娜端出了简单的早餐,通常都是蔬菜。达·芬奇已经几十年没有沾到肉腥了,他把吃肉食称为"伟大的暴行"。他只吃水果、乳品和面食。

莱昂纳多从小丘上散步回家的时候,看到马久林娜壮实的身影向他跑了过来。她呼叫着：

"先生，一位主教，意大利的主教，他正等着您回来哪！"

画家的脸上一下放出光泽。故乡的客人，而且还是一位主教，这是非同寻常的。

他在城堡的广场上看到了一些马匹拴在那里，长途跋涉后的马打着响鼻，身上汗涔涔的。红衣主教路易·阿拉贡笑盈盈地站在住宅的门口，他已经在那里恭候了。看到画家高兴的神色，红衣主教喃喃道："哦，正是这个有着奇特命运的人，把我吸引到这小小的克劳斯·吕斯城堡。"使他不解的是，画家为什么会抛离自己可爱的故乡，把余生交给了异国他邦。

寒暄以后，红衣主教说明了来意，正是画家在故乡的荣名把他吸引到克劳斯·吕斯城堡的。他唯一的想法只是想见识一下画家最终带出来的那些作品。

达·芬奇陪着客人来到画室。他一幅幅地揭开了画面上的亚麻盖布。"哦，请看，这是《施洗者圣约翰》，这一幅是《圣母子和圣安妮》……"

红衣主教站在那里，他欣赏着，观看着，琢磨着。他还没有见到过有什么图画能这样自然地从暗部转向明部，创作出一种轻烟般的情调。他感到深深的惊异。

"有一幅杰出的肖像，我们的国君都甚感兴趣……"红衣主教说。

达·芬奇走向另一个画架，他掀开了上面的盖布。

"我从故乡带来的,就是这些了。"

他说话的声音有些嘶哑。

那画架上正是《蒙娜丽莎》,艺术的蒙娜丽莎,永恒的蒙娜丽莎。

现实中的蒙娜丽莎已经在如花的年龄里死去了。她的丈夫,弗朗西斯科·乔宫多,也在垂暮之年溘然长逝。他家族的后人以四千金币把这幅著名的肖像卖给了弗朗索瓦一世,国王看到那幅肖像有一些龟裂破损,就派人交给达·芬奇修复。面对《蒙娜丽莎》,达·芬奇百感交集,这是他创作黄金时期唯一的纪念碑,他不能容忍与画作的再次分手,就拖延着修复的时间,现在还在莱昂纳多的画室里。

马久林娜说,自从那幅画带到这里,她常常看到主人在深夜里独坐在画像前沉思着,没有烛光,只有如水的月色透过窗台,映照到蒙娜丽莎神秘的微笑上。

哦,蒙娜丽莎,那迷人的神秘一笑,她使达·芬奇再一次陷入深深的爱恋之中。他曾经用科学和艺术之灵,唤醒过一位久久置身于堆满银行账册的孤独环境里的消沉女性的心灵,唤起了一种她根本不曾幻想过的奇妙感觉。是这种对她固有的生活有着极大破坏力的幻想,使她在如花的年纪里香消玉殒?哦,他的爱人,莱昂纳多的爱人,她带着自己的死因之谜走向坟墓,也永远地留在了达·芬奇的心头。

红衣主教思绪万千地离开了画作,他察看了达·芬奇粗陋的画室。画家为他一本本地打开他以前记录的有关艺术和科学方面的笔记,红衣主教诧异地听着,看着,他越来越难以置信。眼前的这个老人,他不但是个伟大的画家,而且也是个伟大的思想家和学者。在他的笔记里,记载着各种各样的设计和草图:世界上的第一支温度计、第一只救生圈、第一只降落伞、第一只照相机的暗箱,以及聚光灯镜头、潜水帽、飞艇、氢气球、飞弹……红衣主教所不知道的还在于,四百年后,达·芬奇的那些思考和推理,启迪了整整一批新时代的思索者。

当红衣主教告别莱昂纳多前往法兰西王宫的时候,天色已经很晚了。临行时,他紧紧地拥抱了达·芬奇。他说:

"一个多么可怕的损失,祖国失去了莱昂纳多·达·芬奇这样一位伟大的人物。"

他接着就听到了一句极为平静的回答:

"这个人,他很快就要彻底告别人世了。"

红衣主教走了以后,达·芬奇就病了。他躺在窗边的床上,以便好好地看看自然界中大地回春的景象。春天使他喜悦,春天是生命蓬勃的象征。他在床上回忆着逝去的生命,在这异国他乡里,他感到深深的寂寞。

他翻开旧日的笔记,仿佛应验了他当时的一段记录:

健康老人常常死于营养供应不良,这是由于酒精越来越多地涌入他的血管,使血管壁,首先是毛细血管的内壁完全阻塞，由此而来，老年人更怕冷……人的这一层血管膜，也正如酸橙的厚皮，皮越厚，越成熟，肉就越薄。如果说变稠的血在血管里不再流动，这不对，因为血液在血管里完全不会变稠，它是不断更新的……

1519年5月2日，意大利人民的儿子莱昂纳多·达·芬奇走完了人生的全部历程，他逝于法国的克劳斯城堡，终年六十七岁。

这一年，拉斐尔三十六岁，米开朗琪罗四十四岁。

第 九 章

1519—1520

呵，圣母

当我发现所有对于上帝的美好寄托都是虚缈的时候,

我才开始认识到,

其实世界上的希望都应在于我们自己。

只有寄希望于自己,

才是最为可靠和安全的。

——米开朗琪罗

一

拉斐尔小时候听说过,终年生活在地下的动物眼睛都是瞎的,他现在终于相信了。那些在地下发掘工地里工作的工人,当他们走出地宫的时候,脸色苍白,睁不开眼睛。久而久之,他们的视力大大地减退了。还不仅仅如此,由于半饥半饱的生活,他们的身体极其衰弱,他们在地下环廊的开挖中,还时常会遇到塌方。拉斐尔也亲自见过一次,他亲眼看到了痉挛的四肢和面部发青的尸体从被发掘的地井中吊上来,那次事故中,有几个人还活着,另一些人看来已无生还的希望。

不幸的事情接连发生。鼠疫和破伤风又是一大困扰,这些潜伏在泥土里的病毒,是他们无法识别的敌人。寒热病又使工人们一批批地死去,每天都会减少一些人,教皇的监工不断把新的民工赶入工地,取代已经死亡或者残废的民工。

这种情景折磨着拉斐尔孤独的心灵,他感到压抑,喘不过气来。他与工人们唯一的区别就在于教皇的监工不敢叫他从早一直干到晚。

西斯廷圣母
Sistine Madonna
拉斐尔，1513—1514
布面油画，265厘米×196厘米
德累斯顿历代大师画廊

画中表现圣母抱着圣子从云端降下，而稍作跪状的圣芭芭拉侧脸低头，微露羞怯，表示了对圣母和圣子的崇敬和恭顺。趴在下方的两个小天使睁着大眼仰望圣母的降临，稚气童心跃然画上。

但是他还有其他许多事情要做。梵蒂冈的壁画在继续，圣彼得大教堂的工程依旧要他操心，红衣主教美第奇的别墅、教皇狩猎陈列室的草图、圣马利亚·波波罗教堂内基吉家族墓葬祭室的营造、这个教堂圆穹顶上的天顶画……这些工作，他都努力要求自己做得尽善尽美。人的潜力是很难想象的，以至有时候他几乎难以相信自己竟然能创造出如此美妙的东西。

在这些忙忙碌碌中，有一件事始终萦绕在拉斐尔的心头，令他冲动着，兴奋着。自从结识了"披纱的女人"后，那种强烈的美与他理想中的圣母渐渐地合二为一了。哦，圣母，他心中崇高的女性，他无时无刻不在想着向她表达自己的情感。对这个从小失去母爱而又感情细腻的画家而言，这无疑是他对最高的美的理想。实际上，拉斐尔最终也是以他的圣母像闻名于世的。他极想好好地画一幅他现在心目中的圣母，这不是为教皇画的至高无上的圣母，也不是为银行家画的雍容华贵的圣母,他要为那默默无闻的圣西斯廷教堂画活生生的圣母,百姓心中慈祥而饱经苦难的圣母。生活给了他认识世界本质的智慧,现在他已经知道了要用另一种方式来颂扬心中的美。

他开始在画布上勾画起来。哦,那不是以前那种无忧无虑的、坐在圈椅或者草地上的女性了,不再是那种只具单纯的亲子情感的慈祥母亲了,他要画出那种俯瞰着人间太多的苦难后所产生的伟大关怀,她高高地从天而降,给人们以精神的希望。那是这样的一位圣母,当她预期到为了拯救世界而要献出爱子的时候,她以一种义不容辞的赴难精神走向人间。她年轻、美丽的脸上,带着痛苦的阴影,她赤着脚,就像一个普通农妇,那样的淳朴,而又那样的圣洁。哦,天使环绕着她飞翔,云霞映衬着她涌动,她让人们从一个新的视角仰视着她,迎接她的降临。因为这种降临,预示着一种真实的希望将化作希望的真实。

《西斯廷圣母》是拉斐尔对自己以往所有圣母像的升华,他是画家某种精神的具象写照。我们可以相信,关于这一点,与拉斐尔看到了太多的现实苦难不无关系。

在那幅画作创作的全过程,年轻的"披纱的女子"始终陪伴着他。这使成熟的画家一直有机会领悟最为本质的美,不断地受到美的启示。

画家问女人:"你为什么一直默不作声地坐在我的身旁?"

女人说:"我知道,你需要我。"

画家说:"在旁人看来,这种创造是多么单调乏味。"

女人说:"一切伟大的创造,总是预先酝酿在伟大的心灵中。我已经看到了这颗心灵,而绘制的过程,那只是为了再看看他是怎样地变为艺术的。"

拉斐尔轻轻地吻了她,吻了他心中的圣母。

当这幅杰作最后完成的时候,她双眼噙满了泪水,紧紧地握住画家的手,轻轻地,再轻轻地说着:

"那是奇迹……是的,那是多么神圣的奇迹啊……"

二

莱昂纳多·达·芬奇的死使米开朗琪罗感到遗憾。这个曾经受到意大利好几任宫廷统治者青睐的艺术家现在魂游他乡,作为佛罗伦萨的同乡,米开朗琪罗感到很不是滋味。米开朗琪罗和他趣味不投,他们也没有好好地合作过,但是他依旧为之伤感。这不仅仅因为他的逝去,给故乡、给意大利、给艺术所造成的损失是不可估量的,而且也因为这些年来,米开朗琪罗自己也太深刻地感受到漂泊和被御用、被束缚的痛苦。

米开朗琪罗的心中产生了一种突如其来的强烈的孤独感。他想起了另一位同乡,那位后半辈子同样在漂泊流亡中度过的但丁,他也客死他乡。

"哦,佛罗伦萨人,魂兮归来吧。"

佛罗伦萨人,他们注定会有悲剧的下场吗?他们怎么啦?米开朗琪罗想到了一个有关伟大的幻想家伊卡洛斯的传说。伊卡洛斯是希腊神话中建筑师和雕刻家代达罗斯的儿子,由于不愿听从父亲的教导,向那谁也不能到达的高度翱翔,在飞翔到太接近太阳的时候，装在身上的蜡翅被炎热的阳光融化，最后坠海而死。画家心目中的伊卡洛斯承担了他自身不堪承受的使命。

是的，生命是那样的沉重，沉重得难以忍受。这两个世纪来的佛罗伦萨人，都承担着自己不堪承受的使命，但是他们都努力而艰难地承担起来了。他甚至也想到了从佛罗伦萨出去的拉斐尔，这个年轻人也在勇敢地冒死飞向太阳。当然，这种悲观主义的情绪，同时寄寓了米开朗琪罗对于自己命运的认识。他仿佛听到了雕刻家代达罗斯的呼叫："我的儿啊，你在哪儿呢……"他在呼叫伊卡洛斯，也在呼叫他，米开朗琪罗。

伟大的但丁无疑是佛罗伦萨第一个坠海的伊卡洛斯，他至今仍葬身于异国他乡勒凡纳。米开朗琪罗无限怜悯地诵读着但丁的《神曲》中那些优美而伤感的词句，而伊卡洛斯的故事，正是《神曲》中的一个情节。哦，伟大的诗人，其实他早已感受到了伊卡洛斯的痛苦，可是他还是坚决地走了下去，向着人们不可企及的高度，向着炽热的太阳。

米开朗琪罗以个人的名义给教皇写了一封信：

> 我，雕塑家米开朗琪罗，请陛下准许我在我们城市的广场上，为不朽的诗人建造一座与之相称的纪念碑。

当他出生的这座城市还压根儿没有想到过这笔资金如何解决的时候,雕塑家已经准备以个人的力量来为但丁,不,为全体佛罗伦萨的精英们建造纪念碑了。

也许是由于达·芬奇的死,使雕塑家敏感地想到了一个大时代的高潮已经过去了。是的,第二年,1520年,这一预感就被另一位大师的离去所证实。

三

1520年4月6日,阳光像往常一样照耀着罗马。这一天,如果我们没有忘记的话,正是拉斐尔三十七岁的生日。

阳光透过画室朝北的窗户,在墙上留下了阴影,但是拉斐尔还是觉得那光亮太强了一点。他畏怕寒冷,就用斗篷把自己裹得紧紧的。拉斐尔日渐消瘦已经是众所周知的事情了。医生告诉他,他得了严重的肺结核。

"大师,从年轻时代起,你过着太紧张的生活,现在得到报应了。你知道,和你有关的人们是多么地爱你,但是他们知道,艺术家是这样一种人,他们什么也不在乎,包括自己的身体。他们不惜生命,而让生命在燃烧中发出光和热量。可是,大师,当他们想到医生的时候,恐怕已经晚了。"

"是的,医生。我并不吝惜生命,可是我有太多的事情要做。告诉我,医生,我还能活多久?"拉斐尔说。他说话的时候,并没有太多的伤感。

医生摇摇头:"我是医生,而不是上帝。这就要看上帝他老人家,他喜不喜欢你去他那里做客。"

拉斐尔咳嗽起来,他剧烈地咳嗽着。在他咳出来的痰中,带着一滴鲜红的血。

"你必须卧床,让身体产生的抗体去战胜结核菌。"

医生说这话的时候,他的语气里带着明显的无奈。在那个世纪里,肺结核还没有药物可以治疗。

医生走了以后,他又开始大口大口地咯血。他感到特别不对劲,头疼、发晕,一种虚脱的感觉一阵阵地袭击着他,整个身子处于不可名状的软弱和难受之中。

他知道自己的病不仅仅是肺结核。他是六天前在考古工地里晕倒的,学生们把他抬回家来。工地里瘟疫般地流行着寒热病,这种病使工人们成批地死亡。画家已经学会了判断这种恶性疾病的症状,用不了多长时间,它会毫不留情地损坏人体的内脏器官,很快就致人死亡。

"哦,我得的是肺结核和寒热病,我受到了这'两姊妹'的合伙攻击,看起来在劫难逃了。"

这时候,拉斐尔的心反而安详了,宁静了。很自然地,他自己的一生就像一幅幅画面出现在脑子里,首先出来的是自己的父亲和母亲,然后是自己最早开始画画的日子,那一系列与绘画有关的事情。哦,他想到了画过的那么多圣母,想到了那些恢宏的大型壁画,想到了"披纱的女子"……

拉斐尔躺在床上,在昏迷中发出了梦呓:

"我谁也不会亏待他们,我会立下遗嘱……请相信,我的朋友们……我会分给你们所有的人。只是这里怎么这样黑暗,哦,不不,我需要光亮,我想看清她,她,我画中的……"

他想到了他的最后一位圣母,西斯廷的圣母。

"哦,圣母……艺术的本质是什么呢?艺术是由分析、综合、逻辑性的预见……然后豁然醒悟……构成了……是的,她就是我豁然醒悟到的……哦,圣母,太冷了,太冷……"

公证人、教皇办公室的负责人、拉斐尔的朋友、他的遗嘱主要执行人巴列达萨列,按照他事先要求的那样都到了。遗嘱也正如这个垂死的画家清醒时所嘱托的那样,详细地写成了。

这一切,已经在病人回光返照时准备好了,大家都围在病人的床边,静静地等待着画家的最后时刻。

4月6日,大斋节的星期五,复活节的前夕,三十七岁的拉斐尔离开了人世。不仅仅是梵蒂冈,整个罗马都为之悲恸。画家从出生到死亡,完整地走过了整整三十七个春秋。他死于自己的诞生日。

欧洲文艺复兴的全盛期也因拉斐尔的逝去而画上了句号。

拉斐尔的病被认为会传染,他在死后的二十四小时内就被安葬了。按照伟大画家生前的意愿,他被安葬在古罗马最漂亮的建筑物万神殿中。在坟墓的上方,按照画家的遗嘱,拉斐尔的好朋友、雕塑家洛伦泽托雕刻了一尊庄严的圣母。

哦,圣母,这是天才画家最鲜明的艺术特色。

四

伟大诗人遗骨的移葬问题尚未有定论,利奥十世就死了。在新教皇阿德里安六世短暂的过渡后,克雷芒七世很快即位了。阿德里安对艺术没有兴趣,可是艺术兴趣在克雷芒七世的身上又复活了。克雷芒七世依旧是我们熟悉的人,他在成为教皇前,被称为红衣主教朱利奥·德·美第奇,那个一定要米开朗琪罗到别特拉桑捷山上开采大理石的人。

现在,佛罗伦萨依旧是教皇的故乡。

罗马的统治者又要求米开朗琪罗重新回到老问题上来,扩展美第奇家族的纪念堂。这时候,老教皇儒略二世的亲属则抗议教皇把雕塑家从陵墓工程上拉出去,他们要求履行条约,否则就告上法庭。米开朗琪罗依旧是两家主子的奴隶。

世事的变化有时候未必能让凡人想得到。1527年5月,德国皇帝卡尔五世率重兵攻入意大利,他们占领了罗马。不堪忍受美第奇家族统治的佛罗伦萨人看到了这一机会,发动了民众起义,这座城市的执政官伊波利托·德·美第奇被赶走了,佛罗伦萨成了自由的共和国。这座城市中所有能拿起武器的人都起来拿起武器保卫民众自己的共和国，走上街头的人们高呼着"Libertá，Libertá"（意大利语：自由，自由）。圣明雅托钟楼里的警钟日夜鸣响，在那全城的制高点上架起了大口径火炮。

在起义者的队伍里，有一位就是米开朗琪罗·波纳罗蒂，他作为工程师，担任了共和军城防工程的指挥官。

克雷芒七世和前不久还是敌人的西班牙人联合起来，他率领着教廷的军队，向自己的故乡佛罗伦萨挺进，准备包围这座城市。围城之战时期使佛罗伦萨人最受不了的就是城里蔓延的鼠疫。米开朗琪罗的弟弟哲斯罗多就染上了鼠疫，死在哥哥米开朗琪罗的怀中。无数炮弹从敌人的营垒里飞向钟楼，城防的坚固性受到了挑战。米开朗琪罗被共和国派往费拉拉考察筑城技术，他全权负责佛罗伦萨城市防御的建筑。根据他的要求，执政官命令在高地上建筑起五角形的联防工事，这样对于兵力的调度起到高度机动的作用。米开朗琪罗有一种直觉，他隐约察觉到共和军的指挥官巴力翁尼有叛变的可能，这将直接影响战斗的结果。描述米开朗琪罗在战斗中的勇敢显然不是我们这本书的重点，为此将不再展开他生命中这个奇异瞬间。果然，到了8月，佛罗伦萨投降了，美第奇家族又重返了他们已经统治了近百年的城市。

米开朗琪罗作为城市的保卫者，藏身于教堂的钟楼里，等待着教皇的复仇。无处不在的美第奇的鹰犬，使米开朗琪罗成了他昨天的敌人——克雷芒七世的俘虏。与儒略二世和利奥十世相比，这位教皇更不会低估米开朗琪罗的才能。教皇决定不向他提出复仇，他的命令传达到画家的手中：

"我们原谅他是有条件的，那就是，他必须立即着手美第奇家族陵墓的工作。"

再傻的教皇也知道，杀死一个人是容易的，然而要得到一位一流的艺术家，那就要等待上帝赐予的良机，也许几百年，也许一千年，也许永远都没有这个机会。

米开朗琪罗只能重新搬回圣洛伦佐大教堂，他必须着手工作。刚刚萌芽的自由就这样被摧残了，他为战败而感到深深悲哀。在那阴暗的教堂阁楼上，他写了许多十四行诗，表达了自己的不幸：

> 身陷囹圄，无比忧伤，
> 铁拳啊，猛击着心灵之窗。
> 幻灭的梦想在脑海里盘旋，
> 我的手却情不自禁，
> 一锤锤地琢磨着上帝的形象。

艺术家在不停地工作着。只有当他再一次接触到创作，他才感到自己真实地触摸着生命。工作并不能使他忘情，他一直有着一种莫名的恐惧，他怕他的创作会突然中断，因为他恐惧着自己突然死亡。他的身体极其衰弱，环境又是那样恶劣，也许因为身体不能支撑，也许因为教皇喜怒无常。

现在，作为意大利仅有的最优秀的艺术家，米开朗琪罗的生活简直和乞丐差不多，如果能够挣到一点钱，他首先要满足别人的需要，他的老父亲和他无能的兄弟需要他的赡养，当任何一个穷人向他开口时，他也从来没有学会过拒绝。他走在街上时，偶尔相遇的富翁会因为他那实在破旧不堪的斗篷而骂他有损市容，无赖们也会对他施以一顿拳脚，因为他们认为艺术家都是穿着体面的，比如从前的莱昂纳多·达·芬奇；被破烂的衣着包裹起来的，要么是骗子，要么就是最蹩脚的艺术家。

这是一种很奇异的现象，在披头散发、不修边幅的米开朗琪罗所蛰居的教堂圣器室里，到处是乱七八糟的堆放物，饥肠辘辘的雕塑家却在设计着世界上最美好的东西。阳光透过教堂五彩的花格窗，把光怪陆离的光斑洒落在逐渐成形的雕像上，美就这样一点点地形成了，美就是艺术的生命。

他在雕刻着一个组合的主题：《晨》《暮》《昼》《夜》。

这是《晨》，一个受尽折磨但体态婀娜的完美女性。她半躺着，还没有完全醒来，懒懒地把头靠在肩上，也许梦境还在使她眷恋，也许正在做迎接光辉白昼的心理准备；这是他的《暮》，一个充满刚毅和果敢，走尽了人生路的饱经沧桑而沉默寡言的男人；那是他的《夜》，一个体格健壮、充满力量的漂亮女性，她的脸上带着悲哀的痕迹，也许她就像沦陷的佛罗伦

这两座雕像装饰的是洛伦佐二世·德·美第奇之墓

暮和晨
Dusk and Dawn
米开朗琪罗,1526—1533
大理石,各长185厘米
佛罗伦萨圣洛伦佐圣殿

这两座雕像装饰的是朱利亚诺·德·美第奇之墓

夜和昼
Night and Day
米开朗琪罗，1526—1533
大理石，各长185厘米
佛罗伦萨圣洛伦佐圣殿

萨，看上去闭上了眼睛，却彻夜不眠地思索着对未来的想象。正在雕琢的是那座最后完成的《昼》，这是一座体现现实生活精神的雕像，米开朗琪罗刻画了一个精力充沛、准备随时进行伟大创造和战斗的男性。

用人体的美来表现艺术家对自然的哲学思考，这是作为大师的米开朗琪罗思想与艺术力量的糅合和喷发。

雕塑唤起了社会的广泛反响。不少拉丁文和意大利文的诗歌，都为它们而歌唱。那是佚名诗人的声音：

夜，在你眼前憩睡沉沉，
赋予这石美人以天使的灵性，
生命的火焰在这娴静中燃烧，
叫醒她吧，倾听她的妙语声声。

雕塑家与他唱和着。米开朗琪罗用自己的《夜》的名义做了回答：

睡得沉沉，比大理石更加宁静，
在这罪恶、耻辱的世纪里，
不要醒着，也不要感觉，
这正是令人羡慕的梦境。
别叫醒我吧，说话要轻。

米开朗琪罗在佛罗伦萨和罗马之间奔跑着,他一边要为美第奇家族修教堂,同时又要为儒略二世修陵墓。尽管制作着如此呆板乏味的工程,他依旧不时地有一些冒着思想光彩的小雕塑。比如《屈身的男孩》,孩子的脚受伤了,他蹲在地上抚摸着自己的痛处,这难道不是雕塑家对于生活感受的一种象征吗?

美第奇家族的陵墓在日益完善着,米开朗琪罗为历代美第奇家族中的显赫者都做了雕像。有人指着当今教皇朱利奥·德·美第奇和洛伦佐二世·德·美第奇的雕像问米开朗琪罗:

"从雕像的形象肖似来看,他们和已故的美第奇们,有着什么样的共同特征呢?"

米开朗琪罗不动声色地说:"再过十个世纪吧,那时候,难道还有人对他们感兴趣吗?"

五

当佛罗伦萨被美第奇家族夺回来的时候,教皇的外甥亚历山德罗·德·美第奇重新回到了执政官的职位上。这是一个不忘宿仇的人,残忍且疯狂。

米开朗琪罗收到了召唤他的命令。艺术家拖着褴褛的衣衫径直到了宫廷,看到了那个执政官正懒洋洋地坐在圈手椅上,他那肥厚粗壮的手指上戴满了镶嵌着钻石的戒指。

"啊,亲爱的大师,你能这么快来见我,这非常好。你总是我们这个家族的朋友,我们的前辈,不,包括我,总是那么器重你。哦,你当然不会拒绝陪同一位执政官出去散散步吧?"

"愿意为您效劳,殿下。"

米开朗琪罗被他失去分寸的盛情弄糊涂了。执政官的卫兵很快牵来了两匹马,当然,有着豪华鞍鞯的是执政官的坐骑,而另一匹朴素的阿拉伯马,则暂供米开朗琪罗驾驭。

战后的佛罗伦萨一片萧条。可怕的黑死病过去后,山上增加了许多新的坟茔。在当年的围城时期,为了使豪华的宫殿和别墅不被敌人用作防御，市民们干脆把它们付之一炬，烧焦后的瓦砾场和废墟遍地都是，土墙上都留着弹洞的痕迹。

"看，佛罗伦萨是多么辽阔，多么美丽啊，"执政的美第奇说，"几天之后，它就要在波纳罗蒂先生天才的手下俯首帖耳了。我们非常了解你的天才，这使我想到了要与你谈谈城市的防御问题。佛罗伦萨的城防需要加强，米开朗琪罗先生是这方面的行家里手，如果我没有弄错的话，您在围城时期领导过城市防御，并挺过了整个围城时期。那么，我想从当年的敌手口中，听听加强城防必须注意的问题。哦，这好比一局象棋结束后的复盘游戏，我们都来回顾一下当初各自的得失。"

执政官的眼中闪过一丝毒蛇似的邪恶目光。

"你这是要做什么？"米开朗琪罗警觉地问。

"哦，没什么，"执政官狡猾地说，"我只是想请你亲手把这座城市防御上的漏洞补起来，你最知道它的优劣所在。"

这是恶毒的一箭双雕，既是对失败者智慧的无耻利用，又是对失败者人格的极大侮辱。

"殿下，"米开朗琪罗说，"我不会干这种蠢事的，请你死了这条心吧。"

亚历山德罗的脸色立刻苍白了，他望着米开朗琪罗坚毅的目光，气得语无伦次：

"好……那好……好极了，你……你就会知道，你等着瞧。"

没等被激怒了的执政官前来报复，米开朗琪罗就离开了佛罗伦萨。他想到了前往法国,或者威尼斯,那里的权威人物曾经向他发出过暗示,但是作为一个意大利人,他还不想离开这块土地。这时候,他想到了达·芬奇当年的窘迫,他可以理解,但是他不想走莱昂纳多的路,那样做,他将必然同样蒙受莱昂纳多那样的名誉侮辱,他不想背那黑锅。

倔强的雕塑家最后想到了罗马。

阴差阳错似的,教皇克雷芒七世也在这时候想到了米开朗琪罗,他派人前来寻找雕塑家。于是,米开朗琪罗就从一个美第奇的手中,落到了另一个美第奇的手中。

"啊,在我们这里,总有你可干的工作。我听说,亚历山德罗叫你去建造城防工事……不,不不,你还是搞你的艺术。梵蒂冈有的是活儿,有你干不完的活儿。你来得正是时候。噢,你用不着害怕,那不再是弯着腰、折着脖子的活儿了,只需要你画墙壁。怎么样,有什么好的题材,你去好好地想想,回头我们再聊。"

教皇最终还是听艺术家的,这次又是一个例证。当米开朗琪罗回到他的住所后,他想到了一个绝妙的题材——最后的审判。他连夜绘制了一幅精细的草图,第二天就送到教皇的手中。

"哦,这是什么,最后的审判?审判谁,又是谁在主持审判?"教皇看着草图不甚明了,他不断地提出问题。

"奇怪吗?"米开朗琪罗说,"这一次主持审判的人并不是对一切都原谅的耶稣,而是疾恶如仇的摩西,一位强大而愤怒的神。他毫不留情地审判并且惩罚人世间一切堕落和卑鄙，这是令人望而生畏的审判。"

"那么请问，总有人被审判的，他们是谁？"一个红衣主教插嘴说。

"是的，被审判的是一切暴君，"米开朗琪罗说，"难道暴君不正是最需要审判的人吗？"

"你这……"克雷芒七世说，"你这样愤世嫉俗的题材，近乎异教。"

"不，陛下，"米开朗琪罗理直气壮地说，"你是一位佛罗伦萨人，你总不该忘了我们伟大的同乡但丁吧？"

"你说这是出自但丁的《神曲》？"

"正是，陛下一定已经记起来了，"米开朗琪罗咄咄逼人地说，"这情节出现在《神曲》的《地狱篇》中，陛下，你还记得吗？"

"出现在《地狱篇》中？对对，是在《地狱篇》中，是的是的，这我很小的时候看过。"教皇说，"那好吧，可以画。我说各位主教大人，如果以《最后的审判》作为执政的警示，岂不是很妙的方式吗？"

"是的，教皇，这实在是太好的警示了。"主教们异口同声地赞美着。

"妙极了，我的朋友，"教皇对米开朗琪罗说，"你可以在这幅创作中大显身手了。伟大的主会指引着你。当你把这

《最后的审判》画到墙上后,让那些前来忏悔的人们获得教训,这真是有意思的事情。啊,今天的太阳真好,这阳光多么美啊,阳光的颜色怎么会是这样的?它怎么会越来越黑了,啊啊……"

这事情发生得太突然。这位一直靠着医生的关怀获得生存的教皇,他的头突然垂下了,一直垂到膝上,他的双眼紧闭。

"教皇不好了……"近侍们紧张而悄声地说。

他被抬进了寝宫……教皇果然不好了……他患的是中风……医生的所有努力最后都归于无效。

1534年一个晴朗的9月里,黑色的丧旗再一次从梵蒂冈的上空升起。上帝召回了克雷芒七世,教廷又要换主了。

六

保禄三世继任了教皇。他出身于法尔内塞家族,与美第奇再没有什么瓜葛了。

新教皇一上任,就在一帮子衣着华贵的人的陪同下,来到艺术家的工作室。寒暄了几句后,他要求艺术家接受他的宫廷职位,并且常在他的身边。

"不,陛下,"米开朗琪罗说,"请您务必原谅我,您看我有太多的事情没有完成,我……还签订了那么多的合同,锡耶纳大教堂的合同还没时间动手,这合同是1501年签订的,而且……我正处在法庭的威逼之下……"

这是教皇上任后碰到的第一颗软钉子,他愤怒了:

"哦,三十年来,我一直期待着,而现在,当我成为至高无上的教皇的时候,没想到有人会公然拒绝我这个朝夕梦想着的理想。什么合同,它们在哪里?我把它都撕了。"

米开朗琪罗心中不禁一惊,他忽然笑了起来,为这个急吼吼的教皇古怪的表现感到好笑。

"你笑什么？不，你绝对不能推却我派给你的工作。"教皇的语调里有一种不可动摇的倔强，"我的孩子，你已经有了西斯廷小教堂壁画的草图，请让我看一下，好吗？"

米开朗琪罗只能拿出那幅草图。

保禄三世久久地审视着《最后的审判》，他一直默不作声。突然，他的手重重地拍打在桌子上，他愤怒地吼了一声：

"合同？什么合同都不再存在，这就是合同。"

边上的一个红衣主教马上接上了话茬，他一直聚精会神地准备着讨好，现在正是时机：

"是呀，塑造好那个先知摩西，这比什么都重要，这难道抵不上你的那些合同吗？除了教皇，谁都别想得到米开朗琪罗的作品。"

"是的，"教皇满意地说，"难道神圣的教廷壁画，反叫那些凡夫俗子去完成？笑话。好好干吧，我的孩子，上帝会保佑你成功。"

米开朗琪罗最后同意了教皇的要求。保禄三世给艺术家下达了命令，他任命米开朗琪罗为梵蒂冈总建筑师、雕塑家和画家。这使米开朗琪罗每年得到六百斯库多的终身养老金，以及用横跨波河的桥收取来的同样数目的税金，使艺术家在临近老年时，才有了生活保障。这时的他已经快六十岁了。

西斯廷小教堂重新搭起了绘画用的工作平台，米开朗琪罗投入了工作。这项工程太宏大了，艺术家借助这一题材，有太多的话要说。那些背信弃义、叛变失节、狂妄自大、阴险奸诈、损人利己、游手好闲、谎言、诽谤、欺骗、压迫、屠杀、盗窃……什么样的丑行在画家自己暴风雨般的生活中没有经历过？一个个生动的形象在他的脑海里活跃起来，错综复杂地交织成巨大而奇特的景象，他想起了暴君亚历山德罗·美第奇，想起了佛罗伦萨起义中的叛徒巴力翁尼，想起了那些永远臭名昭著的统治者，难道他们都能够逃脱这一次审判吗？这些人的形象，都是米开朗琪罗活生生的素材。

在《最后的审判》绘制的过程中，佛罗伦萨传来了消息，暴君亚历山德罗得到了应有的下场，美第奇家族的一个远亲，罗伦兹罗，用短剑结束了这个残忍的执政官的生命，拯救了佛罗伦萨。

米开朗琪罗长长地舒了一口气："是的，最后的审判已经开始了。"

壁画完成了，西斯廷向参观者敞开了大门。就像每一次公开展示大师的杰作一样，罗马又一次轰动了。

"这又是一幅了不起的杰作，它一定会名垂千秋。"

"哦，米开朗琪罗，除了他，谁还能够创造这样的奇迹？"

"这是力量和美的结合，多么完美的结合呀！"

但是另一种声音出自那些自以为是的卫道士口中，他们总是隐蔽地、不动声色地进行着，就像他们每一次的政治行动。这些人多身居高位，道貌岸然。

"这还得了？神圣的教堂里充满了如此多的裸体，这不是亵渎神灵？"

"可耻，真是可耻，竟然赞颂自由自在的精神，那么上帝还有什么作用？"

"在这种神圣的场合，啧啧……"

教皇仿佛刮到了一些耳边风，他问起了这些反映。

"陛下，您恐怕还没有看过那些不堪入目的裸体吧？应当刷掉它，坚决地刷掉它，呵，圣母呀！"一个教士虔诚地在胸口画着十字。

从画面上看，准备决斗的年轻的大卫是裸体的，他表现了一种人性的强大。有些正义者，米开朗琪罗也用了肌肉强劲的裸体来表现，但是意大利在这几十年的审美历程中，总是涌动着一股反动的逆流，文艺复兴的精神与宗教的禁欲本来就势不两立，何况教会总是想把这股文艺的思潮拉回中世纪。

言谈谨慎、举止文雅的教廷典礼官比亚卓，奉教皇之命去现场做了一次深入的调查研究，他平心静气地做了如下汇报：

"陛下，那壁画无可争议地表现了画家的天才，但是，请陛下真诚地原谅我，我发现，壁画的内容放在教堂这样神圣的地方恐怕有失妥当，有些裸体是用强有力的笔触画成的。我以为，如果把它放置在最华丽的小酒吧里的一个光荣的位置，那将能为这一欢乐之地增光添彩。"

米开朗琪罗听完后冷笑了一声，他转身就走。

第二天，那些唯恐天下不乱的红衣主教见到世故圆滑的比亚卓时，忍不住哈哈大笑。

"尊敬的典礼官先生，请您自己跑去看看吧，哈哈哈哈……"

典礼官立刻跑到教堂里，他面对《最后的审判》，不禁呆若木鸡。他的尊容被画成长着两只驴耳朵的审判官。

"这成什么体统，啊？"他愤怒地咆哮着。

听到这一消息，教皇也忍不住大笑起来。比亚卓哭丧着脸，叫着："圣父啊，拯救我戴罪的灵魂吧，我受到了魔鬼的戏弄，失去了人的尊严。"

"对不起，"教皇乐不可支，"只有上帝本人，他才能救免你。"

保禄三世绝对不会置上流社会的意见于不顾，于是他请求米开朗琪罗，为了教皇的尊严，请他尽可能地给《最后的审判》中的裸体穿上衣裳。

米开朗琪罗什么也没有回答，他再也不去梵蒂冈了。无可奈何的教皇召集了一帮艺术家，来商量一个折中的办法。他是聪明的，他知道如果全然否定米开朗琪罗，将会被历史嘲笑，但是全然不顾上流社会，他也会在现实中难堪。

会议最后指定伏尔泰拉为《最后的审判》中那些罪孽深重的人们穿上衣服，这个人实际上是米开朗琪罗暗中指定的。

"你，伏尔泰拉，"教皇悄悄地对他说，"就那么稍稍地改

最后的审判
The Last Judgment

米开朗琪罗,约1535—1541
壁画,1370厘米×1220厘米
梵蒂冈西斯廷礼拜堂

这幅壁画尺幅巨大,占满了西斯廷礼拜堂祭台后方的整面墙壁,描绘有四百多个人物。他们是以现实和历史中的人物为模特儿的,因此这与其说是《圣经》传说中的末日审判,不如说是画家依据自己的善恶观对现实世界中人物的评判。

动一下……无论如何,你不能得罪米开朗琪罗……就意思一下,懂吗?"

伏尔泰拉真想说:"别糟蹋那壁画了。"

突发奇想的教皇给他出了一个馊主意:"你就给那些人穿上裤子吧,这大概也差不多了。"

于是,伏尔泰拉按照命令热情地工作起来,他给《最后的审判》中的人物一一穿上了裤子。

米开朗琪罗从此再没有在西斯廷教堂出现过,他不愿意再去观看自己那已经面目全非的作品。他把壁画的草图认真地整理全了——你们可以损坏壁画,但是我神圣的意志仍然留给历史以证据。

儒略二世的陵墓终于在1545年完工,那时候,米开朗琪罗已经年逾七十了,而当他开始这一工程的时候,他还是个青年。他原先构想中的四十个雕塑,只完成了三个,而且摩西原来只是陵墓的附属部分,而现在成了它的主体。在摩西的两旁,米开朗琪罗安排了两位女性的形象,拉雅和拉希立,作为入世和出世的象征,其余的雕像,都是出于别的艺术家之手。

冥冥中早就注定米开朗琪罗不能完成他的许多设想,他总是被动的。

第 十 章
1547—1564

宿命

我在上帝的圣光下爱与生活。

——米开朗琪罗

一

布拉曼特去世后,梵蒂冈圣彼得大教堂的建筑工程被拉下来了。这一工程对米开朗琪罗来说,是一桩敏感的事情。米开朗琪罗认为,当初他有能力独立完成这一建筑,只是教皇并不信任他。当然,布拉曼特这个世故圆滑的家伙在背后实施了一些什么样的诡计,他至今并不明白。

教皇最后选定布拉曼特作为大教堂总建筑师,米开朗琪罗只有遗憾而没有意见。布拉曼特也是一位大师,一位建筑方面的大师。只是他的才能仅仅在于建筑,而这座宏伟的大教堂,作为基督世界的最高总部,它的艺术性和形象的象征性并不是纯建筑可以解决的,米开朗琪罗的自信和遗憾也就在这里。

真正使他感到羞辱的是,当布拉曼特重病期间居然不是提议米开朗琪罗,而是让他的乌尔比诺小同乡拉斐尔来担任这一职位,这显然有些太小家子气了。而且实践证明了拉斐尔确实不行,在他主持这方面工作期间,工程停滞不前,白白浪费了许多时日,这就不难使人想到布拉曼特过于老谋深算。如果拉斐尔累死累活而且成功了,那当然是布拉曼特的功劳,起码是荐才的功劳,不管怎么说,拉斐尔好像就是他一手培养起来的;像现在这样,建筑没有成功,人们指责的是教皇用人的草率失误,他居然对已经因重病而影响正常思维的布拉曼特的荒唐建议言听计从,责任在于教皇。这个老布拉曼特,真是个进退自如的滑头。

布拉曼特和拉斐尔现在已经作古——阿门,愿他们在天之灵安息——米开朗琪罗也不应该再指责他们,但是每当他走过那座半吊子工程的教堂时,心里总有一种说不出来的滋味。

1547年新年的一天,米开朗琪罗突然接到了教皇保禄三世的一项命令,他,米开朗琪罗·波纳罗蒂,被任命为圣彼得大教堂的总建筑师,这事情使他啼笑皆非。保禄三世近日患了重病,医生都为他的性命担忧,可是病中的教皇依旧记得有天才的艺术家可供他调遣,米开朗琪罗的工作已经证明了他具有建筑方面的能力,他知道这位天才艺术家曾经在佛罗伦萨成功设计过欧洲第一座公共图书馆——"劳伦察"图书馆。当时的情况实在也出于无奈,保禄三世已经"朝中无人",他再也选不出其他可以信任的人来担此大任了,这工作勉为其难地落到了七十二岁高龄的米开朗琪罗身上。

"上帝呀,"老画家咕哝着,"教皇大笔一挥,我要从画家和雕塑家,变成建筑师了。这怎么能行呢?"

他并不在乎自己的年龄,但是他不想干那件事。他想,我这不是喝布拉曼特的洗脚水了?准备接受赞扬的还是天堂里的布拉曼特,哦,别把脸丢尽了。

这位七十二岁的老人至今仍孤身一人,他还没有成家,没有人想成为这个丑陋的老家伙的伴侣。他当然有过爱情,单恋的爱情,他只把那些感觉写到自己的诗歌中:

> 在千千万万热恋者的眼里,夫人,
> 你像圣洁的天使,亭亭玉立,
> 但是沉睡着的良知在明白地诉说,
> 哦,对于人们,
> 你只能身许一人。

他定居罗马以后,居然倾心于一个青年,托马索·德卡瓦列利,但那是一种复杂的情感,青年只把他当作一般的友谊。但是这一次,德卡瓦列利的一番话对他起到了作用:

"您的天才如果能运用到建筑上,我感到那是件多么荣幸的事情。这座大教堂,光凭那辉煌的大圆顶,就比得上您的《大卫》《摩西》,西斯廷的《创世记》和您在佛罗伦萨的全部创作。哦,圣彼得大教堂将使您流芳百世。"

他仿佛被那辉煌的大圆顶,那座举世无双的大圆顶有些蛊惑了。在我们冷静的目光看来,年轻情人的那番评价是有失偏颇的,或者说是浅薄之论,但是在当时的米开朗琪罗看来,那些话确实闪烁着真理的光辉。他想：

"如果我仅仅利用布拉曼特这一个构想，比如说这座教堂需要一个大圆顶，这并没有什么意义。但是我完全能够创造出一座比它更为漂亮的大圆顶，完全属于我的杰作。"

米开朗琪罗这时候已经在无形中打定了主意，如果一定要他担当这一职位，他就要坚持推翻布拉曼特的全部构思，建造完全属于米开朗琪罗的杰作。

他已经有些渴望接受这一工程了。

但是他在正式接受这一任命之前，还想冷静地听听他的另一位朋友，一位纯粹属于私人友谊的朋友维托丽娅·科隆纳的看法，这位女士确实是他多年中遇到的第一位红颜知己。

二

维托丽娅·科隆纳快五十岁了。她出身贵族，她的父亲是塔利亚科佐公爵，母亲是乌尔比诺公爵的女儿。十七岁的时候，她嫁给了声名卓著的统帅佩斯卡拉侯爵，但没有得到丈夫的爱。她是个聪明的女人，可是不漂亮。这种从小失意的生活环境，使她不像罗马的其他贵族妇女，成天热衷于服饰、消遣、家族荣誉和生活的豪奢，而是勤于学习和思考。她把孤独和备受委屈的感情，付诸于对严谨的课业和科学的研究上，集宗教与学术于一身。丈夫死的时候她才三十岁，经过一段无法自持的哀伤之后，她不再指望尘世的欢乐，而是献身于对真理的追求。她的智慧，她的出类拔萃的诗才和常识，吸引了当时许多诗人和学者的目光。

和往常的每一个星期天一样，米开朗琪罗来到圣西列维斯特教堂，那是维托丽娅·科隆纳常待的地方。可是今天怎么啦，她没有出现在那里，一种不祥的感觉悄悄地爬上他的心头。

他想起了第一次结识维托丽娅也是在这座小教堂里。那是

维托丽娅·科隆纳肖像
Portrait of Vittoria Colonna
米开朗琪罗，1550年
炭笔
伦敦大英博物馆

在十二年之前，人们正在庆祝某两家权贵无聊的联姻，孤独的艺术家为了避开狂欢的人群，来到了这座小教堂。这个目的地却是维托丽娅的事先安排。这位感情细腻的女子得知了艺术家的遭遇后，对他十分同情，她派仆人找到了他。他们的见面是在教堂阴暗的圣器室里，尽管存在年龄的差异，但在米开朗琪罗的感觉中，他们从此建立了兄妹般的关系。当时维托丽娅的谈话颇有些肝胆相照的意味：

"我敬佩你，米开朗琪罗，因为你总是设法避开我们，总是那样久久地离群索居,你居然拒绝了多少王公贵族画制肖像的请求,几乎把自己的一生都献给了所钟爱的艺术创作。"

这种一见面就表现出的深刻的理解,以及包含其中隐隐的人文关怀,使米开朗琪罗十分感动。

"哦,这就使你来寻找我?"米开朗琪罗说,"我知道夫人的荣名,可我是一个卑微的小艺术家,入不了夫人的视野。"

"不,大师,你是大师。人们只是缺少对你的理解。"

她的声音因激动而颤抖,她的语调仿佛小心翼翼:

"每一件真正的艺术品,对我来说那都是……一件功勋。大师,那是纯洁心灵的结晶。"

"是的,夫人。艺术家不仅仅是一个聪明人,他们的生活应该是圣洁的,尽可能地圣洁,他应该更笃信宗教。这样,他作为创造者的称呼才会名副其实。"

……

米开朗琪罗离开了对往事的追缅,他惴惴不安地出了教堂。

狭窄的街道一直通向遥远的修道院,他的眼前是一幅调子柔和的罗马冬景。哦,维托丽娅为什么没有到他们事先约定的地方?她对米开朗琪罗可是从来不会失约的呀。

他记得上一次,她突然从罗马出走了,整整三年,谁也没有再见到过她。起初在奥尔维耶托修道院,然后到维捷尔波。她躲着所有的人,但是只和他见面。她专程从维捷尔波来到罗马,也仅仅是为了见到他。那时候,他正在创作《最后的审判》,

她知道了折磨着他的东西,于是在那半明半暗的圣器室里,他们又开始了真诚的谈话。

"阿雷提诺是个告密者。他密告了你,也密告了我。我们在圣西列维斯特谈话的时候,他偷偷地来过了。"维托丽娅的眼睛里闪着严肃的光芒。

"告密,向谁告密,向教皇?"

她摇摇头。

"难道你忘了,一年前,那个耶稣会成立的时候,他们已经开始活动了。"她的声音说得很轻很谨慎,"对这个团体,你得加倍的小心,亲爱的朋友,他们努力窥察人的灵魂,他们用宗教狂热的放大镜来对待他们所见到的一切……"

"哦,是的,"米开朗琪罗说,"阿雷提诺,这是一个卖身求荣者,只要给他钱,他什么都会干,也什么都干。"

"正是这样,他的最大本领就是把一个人搞得身败名裂,就像章鱼,他们会把人吸入深渊。"

她还告诉他,他们如何找到她的朋友瓦利捷耶的那些追随者,那都是一些有自由思想的天主教徒,她的朋友。他们又跟踪留捷尔的信徒,他们被赋予了无限的权力,可以任意搜捕"异教徒",将他们投入监牢,施以酷刑,并秘密执行残酷的死刑——把人推到火里活活烧死。

最令人震慑的现实还是,1542年,意大利建立了"宗教裁判所",并开始了它那臭名昭著的工作。

中世纪教会严酷的恶势力，在文艺复兴的浪潮中组织起致命的反扑。我们的读者千万不能以为，那仅仅只是文艺，教会的力量在文艺复兴过去后的很长一段时间里，依旧十分顽强。就在17年后，在米开朗琪罗逝世前三天出生的伽利略，这位佛罗伦萨的后人，最后还是为维护科学的真理而被施以火刑。这就使我们能够理解，为什么文艺复兴时期的大量绘画和雕塑，依旧以宗教题材的形式出现，而这一运动之所以称为"复兴"，而不是"革命"，其道理也正在这里。

维托丽娅告诉他的正是一个十分重要的信息，耶稣会注意上她了，对她进行了秘密的查询。神父们拆了她的朋友寄给她的信，检查她的信仰问题。

"我的朋友们幻想着自由天主教，"维托丽娅忧郁地说，"可它们在哪里呀？"

那么现在，维托丽娅在什么地方呢？这不能不使他深深地担忧。她注定不会被那些人——耶稣会和裁判所——所喜欢的，尽管现在她隐居在桑塔·安娜修道院里幽居独处，她说过："Meglio soli che male accompagnati。"（意大利语：与其沉瀣一气，不如独善其身。）但是，那些人会让她独善其身吗？

三

米开朗琪罗花了几天时间，但并没有找到维托丽娅，他失望了。他把自己幽禁起来，在寂静的画室中独处。他派出自己的学生四处寻找，他必须找到维托丽娅。然后，他在寂寞中开始考虑圣彼得大教堂的设计。但是他的精神根本不能集中，一闭上眼睛，脑海里就出现了这位女子的影子。他只能放下手中的图纸，拿起笔来，书写充满哀伤的十四行诗。

消息终于来了。那一天，他的学生乌尔宾诺匆匆回来，悄声对他说："老师，侯爵夫人有字条给你。"

米开朗琪罗的眼睛一亮："字条？快……"

字条的内容很简单，她告诉米开朗琪罗，她患病了，正躺在修道院里，有修女照顾她，请他不必去看她。

米开朗琪罗得知，维托丽娅的病是起于惊恐和担忧。她的朋友，佛罗伦萨人卡尔涅萨基被捕了，他还是教皇的近亲，也是教皇的亲近者，但他最终还是受到了宗教裁判所的传讯。在当时，这种传讯有去无回，进去后再没有听到出来的消息。维托丽娅在担忧和惊恐中病倒了。那时候，米开朗琪罗还不可能知道，二十年后，就是这个卡尔涅萨基，经过长期的监禁和无数次审讯、拷打逐渐失去了人形，但是宗教裁判所依旧以异教徒和天主教变节者的罪名，对他公开处以火刑。

米开朗琪罗画了一幅维托丽娅的素描肖像，那张脸上的线条是多么刚毅，就像她本人的性格。他还写了一首十四行诗，题目就是"致维托丽娅·科隆纳"。他不知道自己对于这位关系极其密切的女性倾注以一种什么样的感情，这里面是不是混合着爱情？他已经老了，爱情是年轻人的事情，他不再想象下去。他只能叫学生经常地偷偷去探望一下维托丽娅，年轻人头脑灵活、手脚麻利，比他更不惹人注意。

现在，他终于安下心来开始认真地思考起圣彼得大教堂的事来。他认真地观看和分析了布拉曼特的设计图纸，他的目的就是首先在他的设计上找出毛病，找出破绽，然后再着手设计自己更为完美的方案，完全属于米开朗琪罗的方案。

这工作使他很兴奋。他作为一个雕刻家，本来该有多少宏伟的设想啊，可就是这个布拉曼特别有用心的推荐，他不得已成了画家；当他年富力强的时候，他不能实现自己对于这座大教堂的构想，而现在，这个半吊子工程经过布拉曼特八年的建筑，又经过拉斐尔六年的继续，在他们相继去世后却要让他这个古稀老人来为他们收拾摊子。可悲！只有废弃布拉曼特的方案，才能使他这口积郁多年的闷气吐出来。

现在，正是他要"扬眉吐气"的时候了。

大师用极其挑剔的目光一遍遍地扫描着布拉曼特的图纸，那是多么严谨而认真的审查呀！米开朗琪罗越是挑剔、越是严谨，却越是对布拉曼特原有的设计意图有了深刻的理解。

"呵，这是多么完美的方案呀！"米开朗琪罗不禁惊呼起来，"布拉曼特是一位大师，一位伟大的建筑大师。谁要是否定这么精彩的方案，他一定是个疯子。"

这是大师对大师的赞扬，也是大师与大师间的精神对话后的由衷赞叹。米开朗琪罗是真诚的，他的真诚正表现了他作为一位大师的宽广胸怀。

布拉曼特用杰出的智慧结晶提出的这一方案，没有理由不去实现它。米开朗琪罗仿佛听到了冥冥中布拉曼特恳切的声音，他仿佛在那里由衷地说："大师，我把一生的心血都托付给您了。"

米开朗琪罗的眼睛有些湿润，他对着空旷的窗外使劲地点点头。只有他才能看到，那窗外，远行的布拉曼特频频回首向他致意，他再一次地拜托着。

他在昏暗的灯光下铺开了纸张，向保禄三世写了一封信。他声称他完全做好了思想准备，他决定承担起这件困难重重、责任重大而又极其光荣的使命。他决定不为这件事提出报酬的问题，因为他不知道如何来估价他的这一劳动的真正意义。

米开朗琪罗知道，这是他最后一次与一位真正的大师合作了，由布拉曼特设计、米开朗琪罗实施的合作。在这个世界上，产生大师的时代已经过去，而上帝留给他的时间，也已经不多了。

四

从桑塔·安娜修道院传来的消息，一个比一个更令人不安。维托丽娅越来越消瘦下去。这是一种无法解释病因的痉挛性疾病，罗马所有著名医生都束手无策。

那一天晚饭后，乌尔宾诺带着修道院的看门人匆匆忙忙赶到了画室，从学生失色的脸上，米开朗琪罗已经知道了事情的严重性。他急忙收拾了一下就出了门。街道已经被黑暗吞没，他当时压根儿就没有想到带灯，磕磕碰碰地摸黑走去。沿着那一条熟悉的花园小径，他听到远处黑暗中传来了修道院低沉的钟声。著名的佩斯卡拉侯爵夫人逝世了，这里将为一个尚未败露的异教徒举行祈灵仪式。她是幸运的，现在，高照的烛台代替了她本该受到的火刑的烈焰。

一生简朴严正的维托丽娅·科隆纳已经枯瘦得不像她本人，在她的周围，科隆纳和佩斯卡拉家族的成员努力克制着悲痛，赶来的一大群教士中，闪现着红衣主教的红帽子和梵蒂冈大主教的豪华长袍。他，米开朗琪罗，作为夫人最亲近的朋友，跟随在佣人的后面勉强地迈动着双腿。他想,死神也许来得正是时候,使她避免了宗教裁判所酷刑的折磨。这位热爱自由而不按教规思维的女性,已经列入了宗教裁判所的黑名单。

他想起了这位女性曾经说过:

"基督的原则是自由的原则。统治,这并不意味着承认以某个人的意志为转移的独一无二的标准,何况这个人已经失去了本质,他被无数欲望所左右,他就可能会转而行恶。教皇的强大,也应该在于智慧的强大,教皇就应该记住,他统治的正是自由的人民,他无权听任自己的好恶而去宣布禁止什么,或纵容什么……"

现在,她那智慧的头脑已经停止了思考,米开朗琪罗感到无比悲痛,他想起了一句意大利的谚语:

"一千种欢乐,也无法弥补一次悲伤。"

葬礼结束后,他独自一人行走在孤独的小路上,从树荫后面闪出了一位修女,她慌慌张张地向四下张望了一回,就悄悄走到米开朗琪罗的身边。

"波纳罗蒂先生,"她说,"夫人有字条留给你。"

说完,她迅速递给米开朗琪罗一张小条子,就无声无息地转入了路旁的树荫中。

"米开朗琪罗,你的名字已经列入那名单中。万望当心。"

多么熟悉的字体,女人娟秀而刚毅的笔迹。他紧紧地攥着那张纸,上面还有人体的余温。这是修女的体温,还是维托丽娅的余热?

忧郁的日子每天都会感到很长，即使埋头工作，也没有办法把米开朗琪罗从对维托丽娅的怀念中拉回来。大教堂的工程进展艰难，这不仅仅因为资金的困难，更多的则是人祸。蛮横无理的建筑师巴却·比卓和他的那伙狐朋狗友处处设圈套让老人上当，他们四处散布不满，指责他的开销，指责他的预算，指责他的施工草图，批评他只不过是个雕塑家、画家，对于建筑一窍不通，甚至说他白白浪费了许多钱，糟蹋了他接手前积累起来的许多东西。这些人为所欲为，并把米开朗琪罗那些"失职行为"告到了建筑管理委员会。

教皇和红衣主教参与了调查。

这时候，那个维托丽娅警告过的告密者阿雷提诺，开始抓住机会对米开朗琪罗发动了攻击。这个威尼斯讽刺作家兼营两项谋生的职业，一项是受人雇用写诽谤文章，然后领取佣金；另一项是向艺术家无偿地索取作品，如果遭到拒绝，就立即发表攻击性的文章。这两项职业其实都是文化杀手，只不过前者为雇用性杀手，后者为报复性杀手，目的都是为了钱财。他在当时是十分强大的，一幅画作可能要画几个月甚至几年，但是他一天就能写好几篇歪文，攻守严重失衡。这个阴险狡猾的家伙会有规律地把这两类文章定期地印刷散发，在艺术家和名人中制造恐慌，而他就在这种恐慌中获得大把金钱。

阿雷提诺开口就向米开朗琪罗索取两幅画作，却遭到了这位耿直老人的拒绝，于是他便发表了一篇公开信。他公开说米开朗琪罗拿着教皇的大堆黄金，但并没有画成像样的东西，说他品行不端,是个强盗加骗子。米开朗琪罗并没有理会,老人认为无声是最大的蔑视。阿雷提诺就得寸进尺地重提了《最后的审判》,除了说他伤风败俗外,更严重的是"具有路德教派的思想",这等于指控他是个异教徒,这句话的严重性很可能惹来杀身之祸。

委员会的调查和阿雷提诺的攻击从两个方面给米开朗琪罗以致命的打击。他毕竟已经七十高龄了,他能经得起这种进攻吗?这时候,那个别有用心的建筑师巴却·比卓又买通工长,一同起哄反对米开朗琪罗,大师的处境十分艰难。

"哦,布拉曼特,我的朋友,"老人喃喃地说,"自从我懂得了你的伟大匠心后,我发誓要把你无与伦比的方案付诸实施,可是难哪,我不知道我还能坚持多久。我缺少支持,孤军作战,我的精力不济了,耳朵也背了,请允许我尽力而为吧!"

经过长期拖拖拉拉的调查,事情到1551年总算接近尾声。这时候,保禄三世已经不在人世了,继承者儒略三世在管理委员会担任主席,这位新教皇也像前任一样倾向于米开朗琪罗,情势总算有所稳定。

面对委员会的最后答辩,米开朗琪罗感觉到他们的兴趣开始转向到宗教立场的问题,他平静地发言了:

"我没有义务向任何人报告我准备干些什么,诸位的任务只是审查开支,余下的就涉及我私人创作的事情。如果问我在想些什么,我并不准备和你们谈各位任务以外的东西。"

他转向新任的教皇,面上表露出冷峻的笑意:

"陛下,你应该是个明察秋毫的人。在这些工程里,我,米开朗琪罗,到底得到了哪些好处?"他的话显然暗指了从一开始起,他就一直是不计酬劳的。

"我的工作只是为了拯救灵魂,所以在耄耋之年依旧担起了如此沉重的责任。如果不是为了这个,这工作其实只是在白费时间。"

新任的教皇是个明白人,他看得出来那些阴谋诡计能值多少钱。"放心吧,教会应该付给你钱,不但为了灵魂,也为了肉体。"他把那些搞阴谋的人臭骂了一顿,这件事总算得到了平息。

答辩会上的激烈斗争使米开朗琪罗的心始终不能平静。夜深了,寒风透过窗户不断地吹打进来,老人全无睡意。他还坐着,思索着,记着笔记。他打开圣彼得教堂的图纸,再一次审视了落实那些未完工的布拉曼特构思的要点,他感到自己能够办事的时间已经不会太多了。

房门被轻轻地推开了。

"谁,乌尔宾诺吗?"

"是的,大师。"

"天快亮了,孩子,你怎么还不睡呀?"

"侯爵夫人说过,你没有睡沉的时候,叫我也不要睡。"

"啊,夫人,夫人……"米开朗琪罗的眼睛湿润了,"好吧,我这就睡觉,我睡觉。"

五

米开朗琪罗越来越感到他生命的尽头就要到了,他的心情也随之忧郁。"哦,没有哪一次思维,不是死亡的凿刀留下的痕迹。"他哀叹道。

他在与世隔绝的房子里长期地生活着,一生养成的节俭习惯使他看上去近乎吝啬。他的屋子里只点着半截蜡烛,那种羊油做的蜡烛点起来光线暗淡,油烟把他熏得不时地咳嗽。"什么时候,我也像那支蜡烛一样地倒下?"他仿佛在期待着。他不愿意在自己的身上多花钱,而是把多余的钱积起来,等待着还没有来求他施舍的穷人。他还继续对那些贫困的家庭给予照顾,他以前的仆人,以及他父亲以前的仆人。

这样,他就感到自己的生活问心无愧。

他唯一的奢侈就是骑马。八十多岁的人骑马是危险的,但是他感到那样做使他高兴。当然他不可能再策马驰骋了,就让马儿慢慢地溜达着。他在柔和的秋光中,让马慢慢地徜徉在斯波列托的丘陵和平原上。秋高气爽,白云飘荡,丘陵下一直铺陈到远山脚下的那一片原野,在秋日的阳光下泛着成熟的金光,蓝色的河流弯弯曲曲,消失在迷茫的远方。他一生与石头打交道,他不太关心自然。只有在骑马的时候,他才觉得还有那么漂亮的风景,他有些感动了。他感到在大自然中能面对广阔无垠的天地,使他又焕发出继续生存的欲望。但是他并没有产生要把它们画出来的想法,他对于当时开始吸引意大利人的法兰德斯风景画依旧保留着偏见:

"小径、茅屋、明亮的绿野和河流,还有各种各样的树,这就是你们法兰德斯的风景?还有,随便在什么地方点缀上两个人……这很难吸引我。去吧,风景画。"

一个耄耋老人,在他压抑的心情下,是不太会产生轻快浪漫的想象的,他固执地不愿意从大家都认为有意思的风景画里想象出他的意思来。他的想象力变得迟钝了,这符合自然规律。

他在自己的十四行诗里写道:

> 惊涛骇浪,痛苦迷惘,
> 从生到死,我到尘世走了一遭。
> 生命已经疲惫,我该走了,
> 赶去陈述人世的凄惶。

他并不是不依恋尘世。在当时的罗马,耶稣会的教士们日益猖獗,他们那些看不见的爪牙已经从达官贵人的宫殿,延伸到中学和大学,伸进了学者们简朴的单人修室,除了"圣言"外,什么话都可想象成异端邪说。他们用强迫、用赌咒让人们去按他们的理解信仰上帝。在这样的城市里生活,邻里相互提防着,一个正常的人却要提防着自己的家人、自己的妻子、自己的儿子……他的心情太逼仄了,他在诗歌中写道:

> 圣餐的器具铸成了利剑,
> 耶稣的鲜血,开价出卖了。

他的佛罗伦萨的侄儿利昂纳多·波纳罗蒂难得来罗马看他一次。米开朗琪罗已经猜到了他的来意,侄儿为了钱,他想清点他的遗产了,可以让他在叔叔突然作古的时候心中有个数。对于这一想法,他当然难以启齿。米开朗琪罗说:

"如果你真是这样想的,可以呀,我马上就立遗嘱,把我的全部遗产送给穷人。"

命运还是怜悯他的,让他在垂暮之年依旧有工作的能力,他仍旧没有丢开手中的凿子。教皇给他派来了一位秘书,帮助他处理一些书信、文件和文章。这个秘书恰恰又是当年为《最后的审判》的裸体添加裤子的"裤子专家"伏尔泰拉。

"好极了!"米开朗琪罗开着玩笑,"既然你能够给天堂里的圣徒和地狱里的罪人打扮穿戴,那么,按照地上的一位凡人的意愿来书写,这就更是一件简单的事情了。"

隆达尼尼哀悼基督
Pietà Rondanini

米开朗琪罗，1552—1564
大理石，高195厘米
米兰斯福尔扎古堡

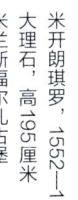

虽然这是一件未完成的作品，但我们依旧能从后方的圣母脸上看出其悲伤却内敛的心情，托着基督逝去的身体，整个画面安详宁静。

现在，在雕塑家最后的日子里，他需要的首先不是写，而是雕刻。他想起了年轻时做过的那一座成名作《圣母怜子》，他感到还不足以表达自己现在的认识，他想重做一座，一座更好的《圣母怜子》，他晚年时期的《圣母怜子》。米开朗琪罗选择了上好的大理石，他开始工作了。他的画室里又叮叮当当地响起了凿石的声音，有时候通宵达旦。可是不行，他明显地感觉到自己的手已经不怎么听使唤了，他很生气，把那座半成品的雕像狠狠砸了，然后再从头做起。在这新的《圣母怜子》里，米开朗琪罗真正想哀悼的又是什么呢？

老人的身体越来越不好。医生看到他睡觉的那间半昏半暗的小房间潮湿阴森，就说："呀，这怎么能行呢，这种地方，还不把人睡死了？立刻搬，搬出去。"

米开朗琪罗愤怒了："你说什么，这地方？这地方是我的圣地，我的多少思想和艺术都从这个小窝里产生。谁也休想从这里把我抬出去，亲爱的朋友，你别打什么主意了。"

贪财的侄儿又来信了，他向叔叔诉说着，他担心叔叔的那些不太正经的仆人们会把叔叔的东西偷走。狂怒的米开朗琪罗在回信中把侄儿狠狠地训斥了一顿。这以后，那些大人先生们也知道了那件事，他们给教皇写信，说是他们对这事表示担心，他们认为应该对圣彼得大教堂的建造者实行监督，不仅要监督仆人，而且要监督那些经常去他那里的人。不少人正在对米开朗琪罗的遗产和作品抱着浓厚的兴趣呢。

"什么，监督，对谁监督，对我的家？"米开朗琪罗愤怒地吼叫着，"难道我真的该快点儿死掉了，难道我真的妨碍人们啦？"

对于一个暮年老人，再没有向他提到死和死后遗产的分配更残酷的事情了。

"他们在盼着我死，可是，c'a'miseri la morte è pigra e tardi（意大利语：死亡懒得接收可怜人）……"

米开朗琪罗很感慨，他埋下头去，沉重地拿起了凿子，又开始了对《圣母怜子》的琢磨，这是他的第三个版本了，上两次，他自己都不满意。

最后的日子临近了，就像一盏灯，灯油已经快尽了，米开朗琪罗自己知道。这时候，他忽然想起，他对这个世界、这个艺术还有许多话要说。

"快，把伏尔泰拉先生……叫来吧……现在，要请他写点什么东西了……写点，我的脑子里想说出来的……"

伏尔泰拉看着艺术家因疾病而消瘦得变了形的脸庞，感到十分伤感，这时候，米开朗琪罗已经开始梦呓了。前来看望他的人围在一起，等待着医生最后的判决。

医生给他开了一服发汗的药。

当他再次醒来的时候，太阳已经高高地照耀着冬日的大地。他坐了起来，开始穿衣服，他说他要出去骑马。他的两腿发软，头像炸裂似的发痛。这不能不干扰他骑马的主意：

"哦，算了吧，外面阴雨绵绵……太阳也不出来了……别给马备鞍了……"

他最后还是听从了大家的劝告，躺了下来。潮湿的屋子里生了壁炉，显然温暖多了。病人久久地凝视着火焰，他在想些什么呢？他喃喃地翕动着嘴唇，说出了一句意大利的民间谚语：

"所有这一切，都不值得如此悲哀。"

一日将尽的时候，米开朗琪罗知道，他的生命将伴随着最后的一缕阳光一起消逝。他的喘声越来越粗笨，但还是说出了最后的遗言："我的灵魂……归于上帝，而身体……属于佛罗伦萨。把我安葬到那里吧。可惜呀……我的工作刚刚有些入门，而我……却要去了。"

那一天是1564年2月18日。这是十分寒冷的一天。

人们等待着大师的侄儿利昂纳多的最后到来，可是直到三天后，他才匆匆赶到。在那些延宕的日子里，人们为执行遗嘱发生了争执。罗马不想把安葬大师这一荣誉拱手让给佛罗伦萨，他们做了种种努力。在罗马的佛罗伦萨人也偷偷地想好了主意。在一个深夜，他们精心策划后秘密地把大师的遗体运到城外。大师那不成器的侄儿把叔叔的遗体草草地包扎成一团货物的模样。

他们借着黑夜的掩护，开始了秘密的偷运。

海关的巡逻官员还是发现了，他们厉声地问："做什么？"

"长官，我们是威尼斯的商人，要把一批货物运回去卖。"

遗体就这样通过了海关。

米开朗琪罗·波纳罗蒂的遗体被安放在佛罗伦萨的圣·别特罗·马佐列教堂。这位名扬四海的人，他的葬礼却像穷人一样简朴。他一生仇视奢华。

葬礼结束后，佛罗伦萨的市民却像潮水一般涌入教堂，他们提出了抗议，他们认为大师不应该安葬在这里，市民们一致公议，把米开朗琪罗安葬到圣十字圣殿。

他就永远地安眠在那里。利昂纳多·波纳罗蒂为叔叔竖了一个小小的大理石纪念碑。

他的身边，静静地躺着艺术家终生喜爱的伟大诗人，但丁·阿利吉耶里。

六

正如达·芬奇和拉斐尔的逝世成为文艺复兴高潮期的结束一样,米开朗琪罗的逝世,成为意大利伟大的文艺复兴运动戛然退潮的标志。在前两位大师逝世之后,孤独的米开朗琪罗又在世界上整整生活了四十五年,他享年八十九岁,成为文艺复兴运动后期的见证人。整整半个世纪,米开朗琪罗缺失了高层次朋友和大师的对话,因而他显得尤其孤独。

与米开朗琪罗的一生几乎相始终,威尼斯画派也完成了他们兴盛时期的历史使命,这个画派的最后几位大师——提香、雅各布、委罗内塞,也在不久后纷纷谢世,而佛罗伦萨的矫饰主义画派长不了多久就宣告结束。文艺复兴运动结束了,西方美术的巴洛克时期开始了。

但是,正是这一时期形成的两个美术流派——佛罗伦萨画派和威尼斯画派,成为西方美术史的两大滥觞。佛罗伦萨派注重造型的体积和线条,威尼斯画派强调色彩和光线。后一个画派,受到了佛罗伦萨画派的强大影响,然而他们向美术的另一

米开朗琪罗之墓

个重大的主题衍化开掘。以后三百余年的西方美术,大体沿着他们铺平的道路前进着,发展着。

每当人们向着西方艺术史的滥觞翘首仰望的时候,都会看到在那里的地平线上站立着的三位巨人的身影,几乎全世界的人都能熟悉地叫出他们的姓名:

莱昂纳多·达·芬奇(1452—1519);

米开朗琪罗·波纳罗蒂(1475—1564);

拉斐尔·桑蒂(1483—1520)。

文艺复兴三杰年表

1452
―
1564

1452 达·芬奇出生		4月15日,达·芬奇出生于佛罗伦萨以西阿诺河边的芬奇镇。
1469 达·芬奇17岁		美第奇家族的洛伦佐·德·美第奇在佛罗伦萨执政。达·芬奇全家迁居到佛罗伦萨,达·芬奇被父亲送到委罗基奥画室学绘画。
1472 达·芬奇20岁		达·芬奇在画室学成,并作为委罗基奥的助手工作到1478年。他的名字已经进入佛罗伦萨画家行会的"红簿子"上。
1473 达·芬奇21岁		达·芬奇画出第一幅签日期的素描《阿诺风景》,并在委罗基奥创作的《基督受洗》上画天使,显示了他的天才。 1473年至1475年间,完成版面油画《受胎告知》。
1475 达·芬奇23岁 米开朗琪罗出生		达·芬奇完成版面油画《加罗法诺的圣母》。米开朗琪罗出生于佛罗伦萨附近的卡普累斯。

1477 达·芬奇25岁 米开朗琪罗2岁	达·芬奇开始画《柏诺瓦的圣母》。
1478 达·芬奇26岁 米开朗琪罗3岁	达·芬奇用两年时间完成了《柏诺瓦的圣母》。此年起到1480年,完成《荒野中的圣哲罗姆》。
1481 达·芬奇29岁 米开朗琪罗6岁	达·芬奇应邀为佛罗伦萨市政厅维乔宫绘制祭坛画(未完成),为圣·杜那托修道院绘制祭坛画《三博士来朝》(未完成)。 达·芬奇离开委罗基奥,在自己的住宅开设独立的工作室。向米兰大公路德维柯·斯福尔扎自荐了自己的全面才能。
1482 达·芬奇30岁 米开朗琪罗7岁	达·芬奇移居米兰,在米兰大公斯福尔扎宫廷服务。达·芬奇的"佛罗伦萨第一时期"至此结束。
1483 达·芬奇31岁 米开朗琪罗8岁 拉斐尔出生	达·芬奇在米兰。自此年起到1490年,完成油画《岩间圣母》《抱银鼠的女子》,开始创作《斯福尔扎骑马像》。

1488

达·芬奇36岁
米开朗琪罗13岁
拉斐尔5岁

达·芬奇在米兰。

米开朗琪罗在佛罗伦萨。按照父亲罗多维柯与画家吉兰达约的合同，跟随吉兰达约学画。

达·芬奇之师委罗基奥在佛罗伦萨逝世。

1489

达·芬奇37岁
米开朗琪罗14岁
拉斐尔6岁

达·芬奇在米兰，设计米兰公爵加莱亚佐·斯福尔扎宫廷婚礼服和装饰品。

米开朗琪罗在佛罗伦萨，离开吉兰达画室，到圣马可修道艺术学校学习雕塑，结识诗人、哲学家波利齐亚诺。

1490

达·芬奇38岁
米开朗琪罗15岁
拉斐尔7岁

达·芬奇重新创作《斯福尔扎骑马像》。作版面油画《音乐家像》(未完成)、《女性肖像》、《拉·贝尔·佛罗尼艾像》和《哺乳圣母》等。开始系统研究解剖学、光影学，到巴维亚阅读十三世纪波兰学者维泰罗的透视学名著，并做了大量笔记。

米开朗琪罗在美第奇宫廷，此后的两年里创作浮雕《半人马之战》《阶梯圣母》，雕塑《黑尔古力士》，木雕《十字架上的基督》。

1493

达·芬奇41岁
米开朗琪罗18岁
拉斐尔10岁

达·芬奇展出泥塑《斯福尔扎骑马像》。

1494 达·芬奇42岁 米开朗琪罗19岁 拉斐尔11岁	佛罗伦萨市民第二次起义,美第奇家族被逐出佛罗伦萨。 米开朗琪罗在此年10月离开佛罗伦萨到威尼斯,研读但丁和彼得拉克作品。 拉斐尔父亲逝世,跟随父亲的朋友蒂莫特奥·德拉·维提学画。
1495 达·芬奇43岁 米开朗琪罗20岁 拉斐尔12岁	达·芬奇为圣玛利亚德尔格契修道院餐厅绘制壁画《最后的晚餐》。 米开朗琪罗回到佛罗伦萨,创作极富古希腊风格的雕塑《睡着的阿木尔》。
1496 达·芬奇44岁 米开朗琪罗21岁 拉斐尔13岁	达·芬奇在米兰。为米兰大公康特·第·卡雅佐宫邸演出的《丹娜族》戏剧设计布景。 数学家卢卡·帕西奥利迁居米兰,与达·芬奇结为朋友。 6月,米开朗琪罗应红衣主教里阿里奥之邀到罗马。
1497 达·芬奇45岁 米开朗琪罗22岁 拉斐尔14岁	达·芬奇在米兰。米开朗琪罗在罗马。

1498

达·芬奇46岁

米开朗琪罗23岁

拉斐尔15岁

达·芬奇在米兰。

萨佛纳罗拉受火刑。

是年,米开朗琪罗在罗马,作《圣母怜子》。

1499

达·芬奇47岁

米开朗琪罗24岁

拉斐尔16岁

4月,米兰大公路德维柯赠予达·芬奇一座葡萄园。10月,法军入侵米兰。12月,达·芬奇逃离米兰,他的"米兰第一时期"结束。

米开朗琪罗在罗马。

拉斐尔在佩鲁贾定居,并在佩鲁吉诺画室工作,作《柯内塔斯比勒圣母》《骑士之梦》等画。

1500

达·芬奇48岁

米开朗琪罗25岁

拉斐尔17岁

2月,达·芬奇途经曼都亚,为依莎贝拉·达·埃斯蒂画一幅素描像。3月,游历威尼斯。4月,回到故乡佛罗伦萨,开始绘制《蒙娜丽莎》。

米开朗琪罗在罗马。

拉斐尔在佩鲁贾。

1501

达·芬奇49岁

米开朗琪罗26岁

拉斐尔18岁

达·芬奇在佛罗伦萨,绘制《圣母子和圣安妮》第一幅草图。

米开朗琪罗由罗马回到佛罗伦萨。

拉斐尔在佩鲁贾,为圣·阿斯戈提诺教堂画祭坛画《托伦提诺的圣尼古拉加冕礼》等画。

1502 达·芬奇50岁 米开朗琪罗27岁 拉斐尔19岁	达·芬奇在泽扎里宫廷服务。 米开朗琪罗在佛罗伦萨。在这三年中，做雕塑《大卫》《布鲁日的圣母子》，绘画《多尼圣母》，圆形浮雕《圣母子与小约翰》，圆形木版画《圣家族》。
1503 达·芬奇51岁 米开朗琪罗28岁 拉斐尔20岁	达·芬奇在佛罗伦萨。开始绘制《安吉亚里之战》草图。 米开朗琪罗在佛罗伦萨。 拉斐尔到佛罗伦萨，但仍以佩鲁贾为活动中心。拉斐尔作《圣母加冕》。
1504 达·芬奇52岁 米开朗琪罗29岁 拉斐尔21岁	达·芬奇和波提切利、彼得罗等组成委员会，研究《大卫》的安放位置。在旧宫画《安吉亚里之战》，是年父亲彼埃德·达·芬奇逝世。 米开朗琪罗受佛罗伦萨政府之托，作壁画《卡西那之战》（未完成）。 拉斐尔为圣弗朗西斯科教堂作祭坛画《圣母的婚礼》。
1505 达·芬奇53岁 米开朗琪罗30岁 拉斐尔22岁	达·芬奇在佛罗伦萨。 米开朗琪罗于3月应教皇儒略二世的邀请到罗马，准备建造儒略二世陵墓，并亲自到克拉拉监督开采、运输大理石。 拉斐尔定居佛罗伦萨，与达·芬奇交往。为圣安东尼的克来利瑟修道院《科伦那祭坛画》作版面油画《金翅雀圣母》《圣乔治》，作油

画《草地上的圣母》。

1506
达·芬奇54岁
米开朗琪罗31岁
拉斐尔23岁

达·芬奇在5月里应法国驻米兰总督夏尔·德阿布阿兹邀请,到达米兰。

教皇儒略二世听信逸言,放弃修建陵墓,并对米开朗琪罗停止供给,米开朗琪罗4月里逃离罗马,10月,与儒略二世和解。

拉斐尔绘制油画《安德西圣母》。

1507
达·芬奇55岁
米开朗琪罗32岁
拉斐尔24岁

达·芬奇于9月从米兰回到佛罗伦萨。完成油画《蒙娜丽莎》。

拉斐尔作版面油画《埋葬基督》。

1508
达·芬奇56岁
米开朗琪罗33岁
拉斐尔25岁

达·芬奇在佛罗伦萨协助雕塑家拉斯蒂奇工作。7月到米兰。版面油画《圣母子和圣安妮》完成于此年至1515年间。

年初,米开朗琪罗受教皇委托完成教皇铜像;5月,在罗马梵蒂冈西斯廷教堂开始创作天顶画《创世记》。

此年冬,拉斐尔受布拉曼特推荐,被召到罗马为教皇宫廷作装饰壁画。

1509
达·芬奇57岁
米开朗琪罗34岁
拉斐尔26岁

达·芬奇的朋友、数学家帕西奥利《神奇的比例》一书在威尼斯出版,达·芬奇为其作插图六十幅。

米开朗琪罗继续作西斯廷天顶画。

	拉斐尔作壁画《帕纳索斯山》。
1510 达·芬奇58岁 米开朗琪罗35岁 拉斐尔27岁	达·芬奇从此年起到1513年，用红粉笔作素描自画像。 米开朗琪罗继续作西斯廷天顶画。 拉斐尔作壁画《教义争论》。
1511 达·芬奇59岁 米开朗琪罗36岁 拉斐尔28岁	达·芬奇从事《瑞乌契奥将军骑马像》的制作。与解剖学家马克·安东尼·德拉·托尔结交，并进行解剖研究，同时进行植物学研究。 古罗马建筑家维特鲁威的《建筑十书》出版，其中有达·芬奇的插图。 米开朗琪罗继续作西斯廷天顶画。 拉斐尔作《阿尔巴圣母》，并从上年起作《雅典学院》。
1512 达·芬奇60岁 米开朗琪罗37岁 拉斐尔29岁	美第奇家族继续执政佛罗伦萨。 10月，米开朗琪罗完成西斯廷教堂天顶画。 拉斐尔从上年到此年，完成了壁画《加拉忒亚的胜利》《伊里奥多罗被逐出圣殿》《教皇儒略二世像》《托马索·因吉拉米肖像》《保尔塞那的奇迹》。

1513
达·芬奇61岁
米开朗琪罗38岁
拉斐尔30岁

2月教皇儒略二世逝世,利奥十世继位。

9月,达·芬奇偕弟子萨莱诺离开米兰,结束画家"米兰第二时期"。

12月,达·芬奇应利奥十世邀请到达罗马,留在梵蒂冈波维德勒宫。

米开朗琪罗创作《摩西》,并为佛罗伦萨圣洛伦佐教堂门面绘制设计图。

拉斐尔自此年至次年间作壁画《解救圣伯多禄》,作油画《利奥一世和阿提拉的会面》。

1514
达·芬奇62岁
米开朗琪罗39岁
拉斐尔31岁

达·芬奇访问帕尔马。

米开朗琪罗在佛罗伦萨。

拉斐尔作壁画《博尔戈火灾》、油画《披纱的女子》。布拉曼特去世,拉斐尔被任命为圣彼得大教堂的建筑总监,不久又被教皇任命负责罗马城地下考古发掘工作。

1515
达·芬奇63岁
米开朗琪罗40岁
拉斐尔32岁

法国国王弗朗索瓦一世占领米兰。12月,达·芬奇到罗马。

米开朗琪罗在佛罗伦萨。

拉斐尔作油画《圣塞西莉亚》、挂毯画稿《获鱼的奇迹》。

1516
达·芬奇64岁
米开朗琪罗41岁
拉斐尔33岁

达·芬奇参加罗马圣保罗教堂的测量,同年受弗朗索瓦一世邀请到法国。

米开朗琪罗在其后三年间,做雕塑《挣扎的奴隶》和《垂死的奴隶》。

	拉斐尔作油画《巴尔达萨雷·卡斯蒂利奥内肖像》，在其后的三年间作《西斯廷圣母》。
1517 达·芬奇65岁 米开朗琪罗42岁 拉斐尔34岁	达·芬奇定居于昂布瓦斯，住在弗朗索瓦一世赠予他的克劳斯·吕斯城堡，从事人体解剖学的著作和机械研究。
1518 达·芬奇66岁 米开朗琪罗43岁 拉斐尔35岁	达·芬奇在克劳斯·吕斯城堡。 拉斐尔作油画《教皇利奥十世和二主教》、油画《乔万娜·达拉戈纳像》。在罗马的法内昔宫作宫廷壁画《维纳斯与丘比特》和油画《基督变容图》(未完成)。
1519 达·芬奇67岁 米开朗琪罗44岁 拉斐尔36岁	5月2日，达·芬奇逝世于克劳斯·吕斯城堡。 米开朗琪罗做雕塑《拿十字架的基督》。
1520 米开朗琪罗45岁 拉斐尔37岁	米开朗琪罗中止佛罗伦萨圣洛伦佐教堂的门面工程。 拉斐尔在其生日4月6日，患热病逝世于罗马寓所，终年三十七岁，葬于古罗马的万神殿中。
1521—1533 米开朗琪罗46岁至58岁	米开朗琪罗做雕塑《洛伦佐·美第奇》《朱利奥·美第奇》《晨》《暮》《昼》《夜》《河神》《屈

	身的男孩》《胜利者》《阿波罗》。
1527 米开朗琪罗52岁	4月,佛罗伦萨发生起义,推翻美第奇家族统治,建立共和国。5月,德皇军队进攻罗马。由于局势紧张,创作未付诸实施。
1529 米开朗琪罗54岁	被任命为佛罗伦萨城防工程总督。
1534 米开朗琪罗59岁	9月,为摆脱佛罗伦萨统治者亚历山德罗·美第奇的迫害,米开朗琪罗到罗马。
1535—1541 米开朗琪罗60岁到66岁	完成西斯廷教堂祭坛画《最后的审判》。
1537—1538 米开朗琪罗62岁到63岁	暴君亚历山德罗被刺身亡。米开朗琪罗为刺杀恺撒的英雄作《布鲁图斯胸像》。
1538 米开朗琪罗63岁	年底,与意大利女诗人科隆纳相识。
1542—1545 米开朗琪罗67岁到70岁	完成儒略二世陵墓雕塑《拉希立》《拉雅》,从而结束这一工程。
1542—1550 米开朗琪罗67岁到75岁	为梵蒂冈巴里纳小礼拜堂绘制壁画《保罗归宗》《彼得磔刑》。

1546 米开朗琪罗 71 岁	被任命为梵蒂冈圣彼得大教堂建筑总监。
1547 米开朗琪罗 72 岁	参与罗马法尔内塞宫建筑。挚友科隆纳逝世。
1548—1555 米开朗琪罗 73 岁到 80 岁	制作雕塑群像《下十字架》。
1555—1564 米开朗琪罗 80 岁到 89 岁	制作雕塑群像《隆达尼尼哀悼基督》。
1556 米开朗琪罗 81 岁	作雕塑《帕莱斯特里纳哀悼基督》。
1562 米开朗琪罗 87 岁	为罗马庇护门绘制图样。
1563—1564 米开朗琪罗 88 岁到 89 岁	设计罗马安吉利圣玛利亚教堂克列齐阿纳公共浴室废墟的改建工程。
1564 米开朗琪罗 89 岁	2月18日，米开朗琪罗在罗马寓所逝世，遗体运至佛罗伦萨，安葬在圣十字圣殿。

代后记

周时奋老师离世已整整五年了，五年间，周老师生前的知交、亲友都会以不同的方式缅怀。今年重新出版周老师的"中外画传丛书"以志纪念，周时奋纪念工作室来电嘱我写这篇后记，十五年前的往事浮上心头。

早年读欧文·斯通的《渴望生活——梵高传》，梵高痛苦却热爱生活和艺术的一生经历，令我印象深刻。2000年始我从事出版业，一直想策划出版一套中外画传丛书，而这一构想自《梵高画传》始，作者是周时奋老师。周老师在《梵高画传》后记中写道："上个世纪八十年代初，我和许多刚从一场浩劫的阴影中走出来的中国人一样，读到了这本书的中译本。我当时正在从事油画和连环画的创作，因此，倍觉亲切和激动。这次，出版人王仁定先生告诉我他有这样一个选题，出一本《梵高画传》，他当时的意思是要在这本书中包含三方面信息：梵高的传记、他的代表作品，以及他与弟弟提奥之间关于创作的有关通信的片段，以构成一种新颖的图文版的画家传记。我非常赞同这一主意,当他把传记的撰写任务交给我时,也当然欣然答应。"

《梵高画传》初版不久就重印,令人欣喜。之后,周老师笔耕不辍,《文艺复兴三杰画传》(台湾版书名《天才的交锋》,比大陆版有噱头)、《毕加索画传》、《八大山人画传》、《扬州八怪画传》、《徐渭画传》、《石涛画传》(徐渭、石涛二种版权输出韩国)等在二三年间陆续出版,若干年后又有再版。

回想当年我与周老师谈这套丛书创作的时候,他已身陷囹圄,但热爱文事的周老师,全身心投入创作,不知身置何处,度过了外人看来无以言表的艰难岁月。因了周老师的清誉和声望,狱警也是热心相助,我每次的探监变成了工作访问,可以在喝茶、抽烟中与周老师交流。

五周年祭之际,我的心情可用悲欣交集来形容。悲的是自古文人命运多舛,天妒英才,勿使久驻人世;欣的是斯人虽逝,然其文以载道,文以载思,可流传久远。

是以记。

王仁定
上海新沪商联合会执行会长

图书在版编目（CIP）数据

佛罗伦萨的苏醒：文艺复兴三杰 / 周时奋著. —贵阳：贵州教育出版社，2018.6

ISBN 978-7-5456-1108-3

Ⅰ.①佛… Ⅱ.①周… Ⅲ.①达·芬奇(Leonardo,da Vinci 1452-1519)–传记–画册 ②米开朗琪罗(Michelangelo, Buonarroti 1475-1564)–传记–画册 ③拉斐尔(Raphael, Sant 1483-1520)–传记–画册 Ⅳ.①K835.465.72-64 ②K835.465.72-64

中国版本图书馆CIP数据核字（2017）第250678号

佛罗伦萨的苏醒：文艺复兴三杰
周时奋 著

出 品 人	玉 宇
责任编辑	刘娟娟 程冠华 舒艳雪
出版发行	贵州出版集团 贵州教育出版社
地　　址	贵阳市观山湖区中天会展城会展东路SOHO公寓A座 （电话 0851-82263049 邮编 550081）
印　　刷	山东临沂新华印刷物流集团
开　　本	787mm×1092mm 1/32
印　　张	12.75
字　　数	253千字
版　　次	2018年6月第1版
印　　次	2018年6月第1次印刷
书　　号	ISBN 978-7-5456-1108-3
定　　价	68.00元

如发现印、装质量问题，影响阅读，请与印刷厂联系调换。

厂址：山东临沂国家高新技术产业开发区新华路　电话：0539-2925680　邮编：276017